우리는 그곳에 있었다

히말라야에 새긴 영혼, 코리안 다이렉트

우리는 그곳에 있었다

WE WERE THERE

박준기 지음

꿈결

가셔브룸 4봉이 있는 카라코람 산맥(Karakoram Mountains)
ⓒ Patrick Poendl

카라코룸 산맥의 발토로 빙하(Baltoro Glacier)
ⓒ Patrick Poendl

'빛나는 벽'이라고 불리는 가셔브룸 4봉(Gasherbrum Ⅳ) 오른쪽의 높은 봉우리가 가셔브룸 4봉이다.
ⓒ Patrick Poendl

Contents

Prologue 무협의 세계… 산악의 세계… • 012

PART 1

아무도 기억하지 않은 도전

1995년 가셔브룸 4봉 한국 원정대의 기록

인점IN 点, 아웃점OUT 点	021
닭발과 개고기의 만남	033
1995년, 가셔브룸 4봉	044
구조에 나선 유리 오블락의 조난	067
가장 높은 곳에 묘지를 마련한 사나이	073
위대한 사람, 슬라브코 스베티취치	078
동굴의 저주	089
'빛나는 벽'의 사나이들	111

PART **2** / 사람이 아름다운 이유

1997년 한국 원정대의 가셔브룸 4봉 두 번째 도전

너희가 정상 올라가면 파리도 새다	127
히말라야의 '로버트 콘웨이'들	139
다시 돌아온 가셔브룸 4봉에서	156
구걸 사절단과 라인홀트 메스너	172
생사의 기로	189
황기룡의 분투	198
공포의 블랙 타워	208
멀고 먼 정상	220
사라진 친구를 해발 7,200미터에서 만나다	231
우울한 해단식	242
황기룡의 죽음	253
산의 그림자와 '우리'	266

Epilogue '우리'는 '그곳'에 있었다 • 278

Prologue
무협의 세계… 산악의 세계…

　이 땅에서 태어나 자란 남자들 가운데 한 번쯤 무협지에 빠져 보지 않은 이는 드물 것이다. 진정한 재미를 느끼기 위해서는 살짝 정신줄을 놓고 읽어야 한다는 기본 조건에만 충실할 수 있다면, 시공을 초월하는 무술들, 천운天運과 우연偶然의 기막힌 조화 속에서 세상을 구해 내는 절대 초인의 주인공들도 모두 그럴듯해 보인다. 이런 극적인 요소를 무한정 담고 있기에 무협지는 어릴 적 시험 공부 해야 하는 동안에도 이불을 뒤집어쓰고 읽게 만들었고, 감수성 예민하던 시절의 소년들을 무한한 상상의 세계로 이끌었다. 선생님이 제아무리 셰익스피어의 문학성을 이야기하고 김소월의 「진달래꽃」에 담긴 '한恨'을 강조해도 대부분의 소년들에게 그것은 시험을 치르기 위해 외워야 하는 지식일 뿐, 소년들은 선생님이 도달한 고귀한 문학 세계의 경지와 공감을 이루기 힘들었다.

하지만 소년들은 무협지의 세계에서도 역사와 시대를 아우르는 문학성을 읽어 냈다. 또 모든 것을 잃고 원수를 갚아야만 하는 주인공이 기구한 운명을 탓하며 읊는 한 편의 한시漢詩는 선생님께서 목소리 높이던 '한'의 정서와 진배없어 보이기까지 했다. 어디 그뿐인가. 수없이 등장하는 절세미인들은 왜 그렇게 주인공을 만나기만 하면 한눈에 빠져드는 건지……. 주인공과 자신을 동일시하는 넋 나간 사춘기만의 자유를 만끽하는 순간, 나 자신은 세상 모든 절세미인들의 사랑을 받으며 난세를 구하는 영웅이 되었으니 이보다 흥미진진한 일이 어디 있겠는가.

그러다 보니 무협지에서 읽었던 절대 무공은 철들기 힘든 남자들의 세계에서 십팔 대 일로 동네 불량배들을 혼내 주었다는 근거 없는 무용담으로 발전하기 일쑤였고, 그 신나는 상상에서 좀처럼 벗어나기 힘든 것이 당연했다. 그러나 소년들의 턱 밑 수염이 점점 틀을 잡아 가고 무협지를 쥐었던 손에 세무 상식이나 자격시험서 같은 실용서가 자리하게 되면서 그 무한한 각색의 세계는 어느새 소리 없이 잊혀 갔다. 그런데 나에게는 그 황당무계한 무협 세계의 유효 기간이 남들보다 조금 더 길었다. 산악이라는 새로운 무공의 세계와 만났기 때문이다.

어린 시절, 우연히 올랐던 북한산에서 처음 보았던 인수봉의 클라이머climber들……. 그 광경은 내게 엄청난 충격으로 다가왔다. 수직의 암벽을 자유롭게 오르고 한 가닥 로프에 매달려 물 찬 제비처럼 매끄럽게 내려오기도 하는 그들이 내 눈에는 경공술을 쓰는 무림의 고수들로 보였다. 또 그들이 걸친, 용도를 알 수 없는 수많은 쇳덩이 장비들은 무협지에 등장하는 검, 도, 편, 곤, 륜 같은 무기들과 다름없었다. 적어도 내 눈에는 그랬다.

암벽 등반을 다니던 산악회들은 제각각 어느 곳을 등반 아지트로 잡느냐에 따라 스스로의 베이스를 정하고는 했다. 서울의 경우, 북한산 인수봉을 중심으로 형성된 인수파와 도봉산 선인봉을 거점으로 한 선인파로 나뉘어 있었다. 내 눈에는 그것이 바로 무협지의 무당파, 화산파, 아미파 같은 문파였다.

국내나 해외에서 만난 모든 산 선배들은 내가 마치 자기네 팀의 후배인 양 배려해 주고 도움을 주었다. 산 선배들은 속해 있는 집단이 다르다 하더라도 산에 다닌다는 그 자체만으로도 같은 혈통이라고 생각하기 때문이었다. 혈연血緣, 지연地緣, 학연學緣 등이 판을 치는 한국의 파벌 의식과는 별다르게 나는 산을 좋아하고 산에 다닌다는 이유 하나만으로 때로는 분에 넘치는 환대를 받고는 했던 것이다. 마치 문파에 상관없이 선후배가 도움을 주고받는 무림의 세계에서처럼.

우리는 어느 산에 어려운 코스가 열렸다는 이야기가 들려오면 그 코스를 마스터하기 위해 그곳으로 향했다. 그러다가 점점 더 어렵고 더 큰 코스를 추구하게 되면서 해외로 눈을 돌렸고, 그렇게 미국의 요세미티로, 또 히말라야의 설산으로 향하게 되었다. 이를테면 더 높은 경지에 도달하기 위해 수련을 쌓으러 다니는 무림의 협객들이 되고는 했던 것이다.

내가 경험한 산악의 세계…… 그것은 책에서 보았던 무림 세계의 실존 판이었다.

겉모습만 그런 것이 아니었다. 깊고 험한 산중에서 벌어졌던 수많은 이야기들…… 삶과 죽음에 관한 무거운 명제가 따르는 도전들은 무림에 전해 오는 전설처럼 많은 이야기를 간직하고 있었다. 그리고 1997년, 어설픈 무사가 되어 아직도 헤매고 있을 무렵 나는 그 이야기 중 하나를 간직하고 있는 기록 영상들을 만나게 되었다.

그 일은 한번 살펴보라는 선배의 권유에서 시작되었다. 내용은 1995년과 1997년 두 차례에 걸쳐 한국 원정대가 파키스탄 히말라야에 위치한 해발 7,925미터 가셔브룸 4봉을 등반했던 영상이었다. 나는 그 영상들을 재조립해 한 편의 기록을 만드는 작업을 시작했다. 그러나 제작비 부족과 일부 도움을 주기로 한 곳으로부터 약속이 지켜지지 않는 바람에 결국 그 작업은 미완성으로 남고 말았다.

그리고 15년이 지났다. 우여곡절 끝에 나는 그 작업을 재개했고, 결국 한 편의 다큐멘터리 영화로 완성시켰다. 그 사이 영상에 등장했던 주인공들 가운데 세 사람은 세상을 떠났다. 처음 나에게 필름을 건넸던 선배 또한 2012년, 영화가 완성된 직후 유명을 달리했다.

세상은, 목숨을 걸고 무언가에 도전하는, 자신들이 이해하지 못하는 일을 하는 사람들에 대해 가시 돋친 말을 한 마디씩 던지고는 한다. 그러면서도 동시에 끝까지 관심을 갖고 마음의 초점을 맞추기도 한다. 왜일까? 그것은 지극히 정상적인 자신들과는 다른 비정상적인 이들에게 조소를 보내며 우월감을 느끼기도 하지만, 한편으로 정상이라는 의미 속에는 어쩔 수 없이 평범함이나 권태로움 같은 이미지가 섞여 있기 때문에 생겨나는 '비정상'에 대한 동경일지도 모른다. 비록 그것이 어릴 적 읽었던, 무림 고수들이 칼을 휘두르며 하늘을 날아다니는 무협의 세계는 아니라 하더라도 '비정상'이 일탈의 즐거운 상상을 떠올리게 해 주기 때문이기도 할 것이다. 현실이라는 굴레를 벗어나지 못할수록 그러한 욕구는 더욱 강렬해지리라.

1995년과 1997년, 파키스탄 히말라야에 위치한 해발 7,925미터의 가셔브룸 4봉을 오르던 그들…… 산악인이라는 또 다른 명칭을 가진 협객들은 분명 그 무림의 세계에서 하나뿐인 목숨을 걸고 무공을 펼쳤던 것이다.

PART
1

1995년
가셔브룸 4봉 한국 원정대의 기록

아무도
기억하지 않은
도전

산에는 무수히 많은 이야기가 새겨져 있다. 1997년, 나는 그 이야기 중의 하나와 만났다. 1995년과 1997년 두 차례에 걸친 가셔브룸 4봉 원정. 하지만 그 이야기에는 단지 산이라는 공간에만 한정할 수 없고, 1995년과 1997년이라는 시간에도 갇히지 않는 어떤 신비로운 힘이 숨어 있었다. 그 이야기는 그보다 훨씬 오래전부터 시작되었으며, 그리고 지금까지도 끝없는 생명력을 갖고서 계속 이어지고 있다.

인점IN 点, 아웃점OUT 点

동서를 막론하고 20세기 초반부터 산을 오르던 사람들은 공통적인 고민을 안고 있었다. 산을 오르는 것만으로는 먹고사는 일이 쉽지 않았던 것이다. 그럼에도 불구하고 그들 중 일부는 산에 오르는 것을 직업으로 삼아야 했다. 그 대가는 만만치 않았다. 산을 오르는 것이 직업이 되는 순간, 그들은 자신이 원하는 등산과는 조금씩 멀어질 수밖에 없었던 것이다. 전문 가이드가 되어 다른 사람들의 산행을 도와주어야 했고 장비를 만들어 파는 제조·서비스 업자가 되어야 했다. 물론 벌이가 그리 넉넉하지도 않았다.

알피니즘이 태동한 알프스 지역 같은 예외도 있었다. 그곳에서는 아무나 등산 가이드가 될 수 없었고, 등산 가이드는 전통적으로 사회적인 존경을 받는 직업인 동시에 가문의 영광이었고 안정적인 직업이기도 했다. 하지만 다른 지역은 그렇지 못했고 한국의 경우에는 더더욱 그러했다. 장비 제조업에 뛰어든 산악인들은 뛰어난 손재주로 혁신적인 장비를 개발하는 데에는 일조했지만 대개 피 주기 좋아하고 풍류를 좋아하는 낭만적 기질 때문에 항상 주머니에 먼지만 날리기 일쑤였다. 가내공업이 발달할 수 없는 한국의 기업 풍토와 몇 안 되는 고객들을 상대로 개발에만 치중한 결과였다. 결국 그 영역의 대중화가 이루어진 다음에 그 자리의 노른자위를 차지한 사람은 장사와는 거리가 먼 산꾼들이 아니라 경영자들이었고 금전적 이익은 모두 그들의 것이 되었다. 1세기가 지난 작금의 현실에도 몇몇 클라이머들을 제외하고는 편안하게 산만을 오르는 일이 녹록지 않은 것이다.

 나 역시 히말라야보다 높은, 현실이라는 고약한 놈과 만날 즈음

같은 갈등에 빠질 수밖에 없었다. 결국 나는 산을 배경으로 하는 직업을 택하지 않았다. 가장 크게 고민한 점은 나를 위해 산을 오르는 것이 아니라 다른 누군가를 위해 산을 올라야 한다는 문제였다. 그렇다고 해서 이후에 내가 원하는 방식대로 원 없이 산을 오르는 것이 수월해진 것도 아니었으니 시쳇말로 '엎어치나 메치나'가 되고 만 셈이었다.

중학교 3학년 때, 처음 '산'이라는 주제와 맞닥뜨린 이후 덕유산의 산장지기도 경험하고 젊은 시절을 등산학교의 강사로, 혹은 원정대원으로 지내며 산에서 많은 시간을 보냈지만, 1995년과 1997년의 등반 영상 기록을 영화로 만들려는 이유는 꼭 그것만은 아니었다. 방송 프로그램을 만들던 시절에도 문화 관련 프로그램을 만들었을 뿐 등산을 주제로 한 다큐멘터리는 만든 적이 없었다. 누군가 '왜?'라는

스위스에서 바라본 알프스 산맥

질문을 던질 때면 연출자가 이미 산을 오르고 있는 사람일 경우 대중적인 접근을 배제한 채 주관적인 관점에 치우칠 수 있다는 되지도 않는 변명만을 늘어놓았다. 그것은 처음에 마음먹었던 원칙, 즉 평생을 '산'에 미쳐 살았지만 그것을 밑천 삼아 살아가지는 않겠다는 나만의 괴팍한 논리를 깨고 싶지 않았기 때문이었을 것이다.

이런저런 이유로 1995년에 알래스카 매킨리 산을 등반하고 난 후에 나는 생활과 직업에 충실할 수밖에 없었다. 그리고 2년 후인 1997년, 나는 당시 프랑스에서 영화를 하고 있던 선배와 함께 서울에서 영화사를 운영하고 있었다. 프랑스에서 제작할 영화의 국내 투자 문제는 제2회 부산영화제 기간 중 잘 해결이 된 상황이었고 프랑스 대사관과 진행하기로 한 다음해의 서울·프랑스영화제 준비도 순조로웠다. 그러다 보니 시간이 모자라서 사무실에서 거의 밤을 새다시피 했다.

여느 때처럼 사무실에서 쪽잠을 자고 일어난 어느 날 아침, TV를 켜자 아나운서가 무언가 큰 사태가 벌어졌다는 식으로 뉴스를 전하고 있었다. 환율이 배로 뛰었다는 둥, 사회 전반적으로 경제에 큰 타격을 입을 것 같다는 둥 하는 이야기들이었다. 그러려니 했다. 나의 경제 상식이 깡통이라서 그랬을 수도 있었겠지만 하루아침에 나라가 망할 리도 없는 일이고 그리 크게 호들갑을 떠는 것 같아 보이지도 않았기 때문이다. 그런데 하루 이틀 시간이 가면서 그게 아니라는 것을 느끼게 되었다.

지금까지도 회자되고 있는 속칭 IMF 사태가 터진 것이었다. 투자는 이미 요단강 너머로 건너갔고 기업들은 아예 영화계에서 발을 빼 버렸으며 수입 예정이던 영화들은 치솟은 환율 때문에 두 배로 불어난 잔금을 지불해야 했다. 메가톤 급 폭탄이었다. 유럽의 거래 당사자들이 상황이 상황인 만큼 가격을 조정해 줄 수 있다는 의사를 내비쳤지만 최대한 양보해 준다 해도 성공할 가능성은 제로에 가까웠다. 온 나라가 공황에 빠진 상황에서 세월 좋게 극장을 찾아 줄 관객은 별로 없었기 때문이다. 이리 뛰고 저리 뛰어 보았지만 해결책은 없었다. 회사를 만들어 나갈 때에는 그렇게 힘들고 어려웠는데, 막상 마음먹고 정리하려니 며칠이 채 안 걸렸다. 폐업하던 날, 어차피 결정된 바에야 시원하게 끝내자며 직원들과 밤새워 술 마시고 떠들면서 쿨한 척 호기를 부렸지만 속마음까지 호탕하게 웃을 수는 없었다.

모두가 힘든 시기였다. 당장 다음 날부터 갈 곳이 없었다. 집에는 회사에서 챙겨 온 짐들이 여기저기 피사의 사탑처럼 위태롭게 쌓여 있었는데 그것이라도 정리해야 오고 갈 공간이 생길 것 같았다. 만 이틀 동안 짐 정리를 했다. 그러다 한동안 구석에서 관심을 받지 못하고 있던 물건을 발견했다. 배낭이었다. 그놈은 마치 언젠가는 자기에게 관심을 가져주겠지 하고 기다리는 바람난 남편의 늙은 아내처럼 먼지를 뒤집어쓴 채 햇볕을 그리워하고 있었다.

곧 나는 갈 곳이 없는 것이 아니라 오히려 돌아갈 곳이 생겼음을 알게 되었다. 다음날부터 산으로 향했다. 별로 생각할 필요도 없는 일이었다.

먼지를 털어 낸 배낭을 메고 한동안 발길이 이어지지 않았던 산을 오른 지 열흘쯤 되었을 때였다. 산행 중 만난 지인으로부터 내가 소속된 한국산악회의 조성대 선배가 한동안 전화기를 꺼놓고 지낸 나를 찾는다는 이야기를 듣게 되었다. 평소처럼 일반적인 호출이겠거니 하는 생각으로 역삼동의 산악회 사무실로 향했다. 그리고 오랜만에 만난 자리에서 선배가 한번 살펴보라며 건네준 것이 가셔브룸 4봉 원정대의 영상 자료들이었다.

가셔브룸 4봉 원정은 조성대 선배 본인이 원정대장으로 다녀온 등반이었다. 그때까지 가셔브룸 4봉 원정에 대해서 내가 알고 있었던 것은 1995년에 실패한 뒤 1997년에 재도전하여 새로운 루트인 '코리안 다이렉트'를 만들고 정상에 다녀왔다는 것이 전부였다. 나는 그 원정대의 멤버도 아니었고 솔직히 개인적으로 많은 일들이 겹쳤던 시기라서 산악계의 일에 큰 신경을 쓰지 못하고 있었다. 그 일에 대해서 약간이나마 알고 있었던 것도 산 친구인 유학재가 그 원정대의 일원이었기 때문이었다. 조성대 선배가 왜 나에게 이 많은 자료들을 건네는지에 대해서도 의문이었고 무언가 나에게 시킬 일이 있기 때문이 아닐까 하는 생각이 들어 약간 부담스럽기도 했다. 그러나 아무리 온화하게 이야기해도 선배의 권유가 강제성 이상의 명령으로 작용하는 산의 세계에서 나는 별 수 없이 찍 소리 한 번 못하고 내키지 않은 그 필름들을 모니터할 수밖에 없었다. 솔직히 이야기하자면 약간의 짜증을 동반한 일이었다.

아무나 외국을 자유롭게 다닐 수 없었던 1980년대까지 등반을 하기 위해 히말라야로 떠나는 일은 하늘의 별을 따는 것만큼 힘든 일이었다. 상대 국가가 보내 온 초청장도 있어야 했고 원정에 소요되는 막대한 경비를 지금처럼 쉽게 만들 수도 없었다. 결국 히말라야 원정은 국가대표 급 소수에게만 허락된 그야말로 특별한 자들에게 주어진 특권이었다.

1987년 여행 자유화 조치가 시행되며 슬슬 많은 사람들이 여러 가지 목적으로 해외에 나가게 되었는데 사회적 관심이 쏟아지지 않은 개인적인 목적의 히말라야 등반도 이즈음부터 슬슬 시작되었다. 그렇다 하더라도 등산 인구가 지금처럼 많지 않았던 그 시기에 히말라야 등반은 분명 아무나 할 수 있는 일이 아니었다. 그러나 그럼에도 불구하고 안나푸르나 원정대에 끼기 위하여 직장까지 그만둔 채 산을 오르내리던 나는 그 부류에 속해 있었고 히말라야 원정은 내 주위에서 빈번히 행해지는 그리 신기할 것 없이 일어나는 일들 중 하나였다. 그러다 보니 원정을 통하여 일어나는 일들, 즉 대상지 선정, 대원의 구성, 카라반, 베이스캠프 구축, 캠프 구축, 정상 공격 등 히말라야 등반에서 일어나는 일련의 과정들은 지금까지 내가 듣고 보고 해 온 것들과 크게 다를 것이 없었고 별반 신선한 일도 아니었다. 보나마나 그 영상 기록은 대상지만 다를 뿐, 지금까지 보아 온 등반의 내용과 크게 다를 게 없을 것이었다. 테마 자체가 내가 모르는 세계에 대한 것이었으면 모를까, 이미 산에 대해 일반인의 시각은 진즉에 넘어서 버린 나의 입장에서는 별 새로울 것을 기대하기가 힘들었던 것이다. 거기다 아무리 등반의 의미가 크다 해도 프로페셔널인 내 입장에서 볼 때는 영상의 수준 자체가 기대 이하일 것이라는 예상도 들었다. 더군다나 자료들이 산더미만큼 많았기 때문에 대충 훑어보고 나서는 잘 보았습니다 정도의 인사치레로 끝내려는 마음을 처음부터 먹고 있었던 터였다.

어쨌든 띄엄띄엄이라도 살펴보는 성의를 보여야 했기에 집으로 돌아온 나는 몇 개의 테이프를 꺼내어 플레이어에 밀어 넣었다. 그런데 몇 시간 후 나는 처음에 구렁이 담 넘듯 끝내려던 생각이 조금씩 사라져 가는 것을 느끼기 시작했다. 테이프를 바꾸어 넣을 때마다 이어지는 상황들이 궁금해졌다. 전화로 일일이 그때의 상황을 물어보면서 내 나름 이야기가 정리되었을 즈음 나는 점점 그 안의 내용이 단순한 기록을 넘어선 것임을 깨닫게 되었다.

또 하나의 무림 전설을 찾아내었다는 생각에 욕심이 생겼다. 그리고 주저 없이 나는 회사 말아먹고 연명이나 할 정도의 남은 돈을 모두 털어 편집실을 빌려서는 그 엄청난 분량의 영상들을 편집하기 시작했다. 이런 일련의 시나리오를 예상했을 여우 같은 조성대 선배의 작전에 휘말린 것이었다.

결코 쉬운 작업이 아니었다. 전체적인 정리를 하고 필요한 부분만 골라내는 일에 꼬박 한 달을 매달렸다. 이미 조연출 등 직원들이 회사를 떠난 상황에서 혼자 작업을 하다 보니 이 닦는 것만 빼고는 대충 건너뛰었다. 면도를 하지 않고 일주일쯤 넘기고 나니 구질구질하게 지내는 것이 오히려 편안해지기 시작했다. 점점 원시인이 돼 가는 듯했다. 에라, 어차피 회사도 말아먹었겠지, 남는 건 시간뿐인데 뭘 못하랴 싶어 한 달 정도를 또 밤을 새우며 작업한 후 대충의 가편집을 끝낼 수 있었다. 그 사이 일말의 책임을 느낀 조성대 선배가 여기저기 돌아다니며 나머지 작업에 들어갈 경비를 지원받을 대책을 만들어 왔다.

그러나 두 달 후 기운이 다 빠져 드디어는 꼬락서니가 오스트랄로피테쿠스로 변했지만, 다시 제대로 된 직립 보행의 문명인으로 되돌려 줄 그 다음 추진력, 즉 작업 경비는 만들어지지 않았다. 조성대 선배를 통해 약속을 받았던 곳으로부터의 지원이 이루어지지 않았던 것이다. 두 다리에 힘이 쭉 빠졌지만 어쩔 수 없이 나는 그 많은 자료를 캐비닛에 쌓고 문을 닫을 수밖에 없었다. 결국 영상은 가편집 상태에서 미완성으로 남게 되었고 이후 항상 풀지 못한 숙제라는 마음의 짐으로 남게 되었다.

애물단지들……. 혼자 사는 그리 넓지 않은 집에서 손때 묻은 수많은 장비와 자료들은 항상 집주인의 쾌적함을 방해해 왔다. 당연히 나와 자리를 같이해 왔던 수많은 암·빙벽용 등반 장비들과 야영 장비들, 사진가로서 갖추고 있어야 할 기본 도구들, 글쟁이로서 버릴 수 없는 자료라고 불리는 수많은 책과 박스들……. 이사를 할 때마다 고민스럽게 만들며 세간의 몇 배를 차지하던 이놈들은 대부분이 고물들인 데다 언제 사용하게 될지 모르는 것들이 많았다. 하지만 아날로그 시대를 더 많이 공유했던 나는 항상 투덜대면서도 손으로 쥘 수 있고 느낄 수 있는 그것들에게 나의 공간을 내어주곤 했다.

그중에서도 가서브룸 4봉의 아날로그 영상 기록들은 그야말로 애물단지 중에 최고봉을 차지했다. 이미 촬영 장비가 첨단 디지털 기기로 바뀐 시대에 그 영상 기록을 담은 테이프들은 점점 모니터조차 하기 힘든 상황으로 내몰렸던 것이다. '메모리 카드'라고 불리는 자그마한 반도체에 영상을 담고 모든 결과가 컴퓨터 프로그램으로 편집되고 제작되는 이 시대는 더 이상 필름이나 테이프로 기록된 과거의 아날로그 영상을 확인하는 것조차 쉽지 않게 만들어 버렸다. 필름이나 테이프를 작동시킬 수 있는 기계가 한번 고장 나면 동대문 고물상을 뒤져야 했고, 언젠가 그마저도 구하지 못한다면 기록은 쓰레기가 되고 말 것이었다. 그러나 그런 불확실성과 갈등 속에서도 나는 결국 그것들을 버리지 못했다.

그렇게 14년이 지났다. 그리고 어느 날, 영화계 후배들과의 술자리에서 우연히 그 이야기가 나왔다. 그런데 이야기를 듣는 사람들 대부분이 그 이야기가 누군가에 의해 만들어진 창작 시나리오라고 생각한다는 사실을 깨닫게 되었다.

영화보다 더 영화 같은 이야기를 담고 있는 기록……. 결국 나는 한 번 더 용기를 내어 더 힘들어지기 전에 먼지가 쌓일 대로 쌓인 그 숙제를 부담이라는 창고에서 꺼내 풀어야겠다고 결심했다. 상업적인 고리가 없는 작업이어서 14년 전처럼 다시 한 번 대부분을 혼자 해결해야만 했다. 제작, 연출, 촬영, 녹음, 진행…… 모두 내 몫이었다.

영상을 편집할 때 잘라 쓸 영상의 시작을 '인점'이라 부르고 끊어지는 부분을 '아웃점'이라 부른다. 내가 만들고자 했던 이 영화의 '인점'은 1997년 조성대 선배로부터 테이프를 받아든 시점이었다.

그러나 '아웃점'을 찾아 곧 마무리 지을 줄 알았던 그 이야기는 결국 장장 14년이 더 지나 다시 현재 진행형이 되고 말았다. 미친 척하고 일 벌이기 좋아하는 성향 탓에 한 번 더 노선이 불확실한 차에 올라타고 말았다. 미소를 지으며 아웃점을 찍을 수 있을지는 예측할 수 없었다.

　실질적으로 이 드라마틱한 스토리의 '인점'은 30여 년 전, '닭발' 조성대와 '개고기' 유학재의 만남에서부터 시작된다.

닭발과 개고기의 만남

 산의 정상을 향해야만 하는 운명을 타고나 산악인이라는 호칭을 부여받은 사람들이 있었다. 누구도 강요하지 않은 일에 목숨을 담보로 나서는 그들을 향한 세상의 시선은 '미친놈' 그 이상도 이하도 아니었다. 그러나 그들에게 세인의 시선과 평가는 별로 중요하지 않았다. 동네 뒤의 구릉을 올라 능선을 타고 정상을 오르면 더 큰 산이 보였고 그곳을 찾아가면 그곳이 결코 제일 높은 산이 아니라는 것을 알게 되었을 뿐이었다. 그들에게는 더 높고 더 험하고 더 의미 있는 정상이 필요했다. 그래도 그 험준한 곳에 적응하는 것이 세상에 적응하는 것보다 더 쉬웠다. 주위의 많은 이들은 염려와 회의의 눈길을 주었지만 그들은 그냥 그런 유전인자를 가지고 그렇게 태어났을 뿐이었던 것이다.

어떻게 보면 세상살이에는 아무짝에도 쓸모없는 짓을 하고 다니다 그들은 어느 날 또 다른 한 가지를 알게 된다. 이 세상에는 나와 비슷하게 미친 자들이 또 있다는 사실을. 그래서 그들은 서서히 뭉치게 되고 점차 '우리'라는 공동체가 되어 갔다.

닭발 조성대

북한산 기슭에서 어린 시절을 보낸 조성대는 사촌 형들 덕분에 쉽게 산을 접할 수 있었다. 등산을 좋아하는 사촌 형들이 정릉 버스 종점에서 가까운 조성대의 집에서 하룻밤 묵은 다음 산을 오르곤 했는데 그 틈에 끼여 산에 다니게 되었던 것이다.

1966년 경동중학교 1학년 시절, 은행원이었던 아버지가 당시로서는 귀한 스웨덴제 버너 등의 장비를 사 주며 등산을 권했다. 공부도 좋지만 몸이 튼튼해야 한다는 것이 부친의 지론이었다. 처음에는 '톰 소여의 모험'으로 시작했다. 버너와 코펠을 들고 올라간 산에서 밥해 먹는 재미가 쏠쏠한 정도였을 뿐이었다. 그런데 중학교 2학년 때 산악반에 입회하면서 사태가 좀 심각해졌다. 처음 접한 암벽등반에서 발군의 실력을 보이기 시작한 것이었다. 급기야 중학교 3학년 때에는 성인들도 겁내는 인수봉과 선인봉 일대의 어려운 코스

故 조성대 대장. 영화의 막바지 작업 중 인터뷰를 하던 장면이다.
_영화 〈우리는 그곳에 있었다〉에서

들을 앞장서서 오를 정도가 되었다. 내 안에 숨겨져 있던 능력을 찾아낸 중학생 조성대는 그때부터 인생의 무게 추가 산악이라는 무협의 세계로 점점 기울어지기 시작했던 것이다.

집안의 반대는 맹렬했다. 건강이나 챙기라고 권했던 등산이 넋나간 인간들이나 하는 전문 등반으로 바뀌고 아들의 인생 항로마저 틀 것처럼 보이자 난리가 난 것이었다. 아버지는 장비를 앞마당에 내놓고 불을 지르기까지 했다. 그러나 그 불은 한번 붙은 사춘기 소년의 불길을 꺾지 못했고 그 소년에게 절대 뒷걸음이란 없었다. 조성대는 경동고에 진학하자마자 산악부에 가입을 했고 졸업 후에도 의지를 꺾지 않고 등반에 매진했다.

그의 산악인 인생을 확실하게 자리매김해 준 사람은 고교 선배인 유재원이었다. 유재원은 1972년 한국산악회의 알프스 훈련대에 참가한 뒤 프랑스 샤모니에 불법체류자 신분으로 남았던 당대 한국 최고의 등반가였다. 엄청난 알프스의 산들을 본 뒤로는 그냥 한국으로 돌아올 수가 없었던 것이다. 유재원은 아끼는 후배 조성대에게 현지 농장에서 힘들게 번 돈으로 등반 서적을 사서 보내 주곤 했는데 조성대는 언젠가 알프스로 날아가 그와 같이 등반하리라는 꿈을 꾸고는 했다. 당시 유재원은 불법체류자 신분임에도 그의 능력을 인정한 프랑스 정부로부터 1974년과 1976년 두 차례에 걸쳐 프랑스 히말라야 원정대의 대원 영입 제의를 받는다. 그러나 그의 불법체류자 신분을 풀어 줄 한국 대사관과 그를 알프스로 보낸 한국산악회의 거절로 다시 도약할 수 있었던 기회가 여지없이 꺾이고 만다. 그리고 유재원은 1977년 알프스 '에귀 노아드 드 퍼트레이'라는 봉우리를 등반하는 도중 조난사하며 불꽃같던 삶을 마감한다.

조성대는 유재원 선배의 사망 소식에 충격을 받아 한동안 설악산에 들어가 미친 듯이 산을 오르기도 하고 유품을 정리하여 프랑스 문화원에서 추모 사진전을 열기도 했다. 그리고 존경하던 선배의 뒤를 이어 나머지 인생을 산과 함께 하기로 마음을 굳힌다.

덩치에 어울리지 않게 그의 별명은 '닭발'이었다. 왜 닭발이 되었는지 후배들은 아직도 알지 못한다. 카리스마가 강했던 조성대 선배에게 후배들이 별명의 유래를 물어볼 수는 없었지만 한참 원로들이 모인 자리에서 "야, 닭발!" 하고 부르면 달려가는 조성대를 보고 그냥 닭발이러니 했다. 술자리에서는 으레 무서운 선배에 대한 뒷담화가 나오게 마련이었고, 그럴 때면 '성대 형'이 아닌 '닭발'이라는 호칭이 알코올의 힘을 얻어 겁 없이 튀어나오고는 했다. 그러나 그런 닭발 조성대를 후배들은 잘 따랐다. 근본적인 원칙에 어긋남이 없었고 해외 원정 같은 쉽지 않은 일을 기획하면 섬세하고도 힘 있게 밀어붙이는 믿음직한 선배였기 때문이었다.

개고기 유학재

누군가 한국을 대표하는 20인의 산악인 중 한 명이라는 이야기를 듣고 나서 그와 처음 만난다면 어리둥절할 것이다. 산악인이라는 진중하고 묵직한 명함과는 전혀 어울리지 않기 때문이다. 온 머리가 하얗게 세고도 그의 얼굴에는 아직도 장난기가 가득하다. 무언가 호기심이 드는 건 안 하고는 못 배기는 성격은 어릴 때부터 그를 요주의 인물로 만들었다. 초등학교 시절, 막걸리 심부름을 다녀오며 '어른들은 술이라는 것을 마시고 왜 그렇게 기분 좋아할까?' 궁금해 주전자의 막걸리를 다 비우고 온 동네를 해롱대며 헤집고 다니던 것을 비롯하여 불장난으로 낸 산불이며……

●유학재 부대장
_영화 〈우리는 그곳에 있었다〉에서

    시야에서 사라지기만 하면 사고를 치기 일쑤였다. 무척이나 개구쟁이였던 그에게는 어린 시절부터 '개고기'라는, 발음부터 별로 우아하지 않은 별명이 따라다녔다.
    중학교 때는 썰매를 타다 연탄집게가 콧구멍을 뚫고 들어가 피투성이가 된 후에 혼자서 끙끙 앓다가 뇌막염 판정까지 받았다. 1년을 치료하며 반신불수를 면했지만 그때 휘어진 코뼈 때문에 고주파의 득음得音을 하고 말았다. 지금도 한 번 들으면 잊히지 않는 그의 카랑카랑 울리는 특이한 목소리는 천방지축이던 개고기 시절의 위대한 유산이다. 그때의 사고로 30킬로그램이나 몸무게가 줄어들며 건강이 악화되자 의사가 등산을 권유했다. 이후 그는 산등성이를 헤집고 다니는 놀이를 집안으로부터 공식적으로 허락 받았다.

우이동에서만 5대째 살고 있던 그에게 담 너머로 보이던 북한산은 그때부터 공식적인 놀이터가 되었다. 그리고 다 떨어진 운동화를 신고 암벽을 놀이터 삼아 오르내리며 발휘하기 시작한 탁월한 그의 등반 능력은 중학교 때 산비둘기산악회 선배들의 눈에 들었다. 그리고 산악회가 무엇인지도 모른 채 나이 먹은 선배들을 좇아 다니며 입적을 한 그는 그때부터 더 이상 우이동의 사고뭉치, 개고기가 아닌 암벽을 심하게 잘 오르내리는 신동으로 다시 태어나기 시작한다.

닭발과 개고기의 첫 만남

유학재는 경동고등학교로 진학하자마자 경동고등학교 산악부로부터 입회 제의를 받는다. 이미 어린 나이에 산악이라는 중원의 무림에서 산꾼으로 소문나 있었던 것이다. 그러나 그는 이미 산비둘기라는 일반 산악회에 소속이 되어 있었다. 산악회에만 매진하기를 바라는 선배들의 분위기 때문에 그는 고교 산악부 입회 제의를 조심스럽게 거절한다. 대신 고등학교를 졸업하면 자연스럽게 경동고 OB 활동을 하겠다는 약속을 한다. 그 과정에서 만난 인물 중 한 명이 이미 졸업을 한 선배 조성대였다. 닭발과 개고기의 첫 만남이었다.

8년 후, 한국산악회에 입회하여 기술위원회 소속으로 활동하던 조성대는 등반 가치가 있는 대상지를 고민하며 10개년 계획을 수립하는데 그 첫 대상지가 알래스카 매킨리의 '캐신 리지Cassin Ridge' 코스였다. 일찍부터 해외의 모든 산악 정보에 능통했던 조성대는 높이만 추구하는 국내 산악계의 제자리걸음 수준을 이미 벗어나 새로운 도전을 지향하고 있었다. 셰르파들을 동원해 길을 뚫게 하고 대규모로 원정대를 꾸리는 관행에서 그는 대원들 스스로가 처음부터 끝까지 책임지는 고난이도의 코스를 찾아 왔던 것이다. 그러나 아직 한국의 등반가들은 서양의 수준 높은 등반가들처럼 단독 등반이나 알파인 스타일을 추구할 만한 능력을 갖추지 못하고 있었다. 아니, 그 이전에 그런 등반이 어떤 것인지 펼쳐 본 적이 없었다. 그래서 매킨리 루트 중에서 가장 어렵다는 캐신 리지를 선택한 것이었다. 단계별로 한 걸음씩 따라가다 보면 언젠가 그들과 같은 루트를 오르고 있지 않겠는가 하는 계획을 세웠던 것이다. 그리고 1988년에 자신이 대장이 되어 떠나는 그 원정대에 유학재를 불렀다. 드디어 한번은 같이 로프를 묶을 때가 되었다고 생각한 것이었다. 그렇게 해서 공식적으로 두 사람은 같은 목표를 향하여 산을 오르게 되었다.

조각난 동행

1988년 1월, 그해 5월에 있을 알래스카 매킨리 산 원정을 준비하기 위해 유학재는 설악산 토왕성 폭포에서 빙벽과 설벽 훈련을 하고 있었다. 대장은 물론 조성대였다. 장난기가 발동한 그는 대장 몰래 400여 미터의 높이로 꽁꽁 얼어붙은 토왕성 폭포를 피켈 두 자루만 집어 들고 오르기 시작했다. 전 구간을 오르겠다는 생각은 애초에 없었다. 그때까지 한 차례밖에 이루어지지 않았던 프리 솔로 등반로프와 안전을 위한 확보물 없이 혼자 오르는 등반을 잠깐 시도해 보려는 생각뿐이었다.

'이거 막상 붙어 보니 별 것 아니네. 그냥 끝까지 올라가도 되겠는데······.'

조금씩 오르다 보니 잘하면 끝까지 오를 수도 있겠다는 생각이 들었다. 별 생각 없이 붙었다가 아무 생각 없이 400미터 전 구간을 단독으로 오르기 시작한 것이다. 떨어지면 시쳇말로 바로 골로 가는 400여 미터 토왕성 폭포 단독 등반이었다.

한국 산악인들 사이에서 토왕성 폭포 초등은 1970년대까지만 해도 에베레스트 등정과 맞먹는 큰 목표였다. 1977년, 12일이라는 기록으로 초등될 때 일간지 1면에 대서특필되었을 정도였다. 그 후로 토왕성 폭포를 오르는 것은 산악인들이 스스로를 업그레이드하는 일종의 바로미터가 되었다. 당연히 그 후로 기록이 많이 단축되었지만 거의 모두가 파트너 등반에 의한 것이었고 시간도 빠른 기록이 5~6시간 정도였다.

그런 곳을 유학재가 얼떨결에 단독으로 1시간 30분 만에 오른 것이었다. 상상하기 힘든 기록이었다. 정상에서 내려온 유학재는 나중에 이 사실을 알고 밑에서 기다리던 조성대에게 '빳따'를 맞았다. 조성대는 대장의 허락 없이 개인행동을 한 유학재에게 몽둥이를 휘둘렀지만 속으로는 괴물 같은 놈을 하나 찾아낸 희열에 만세를 불렀다.

이후 누구도 상상하지 못했던 유학재의 토왕성 폭포 단독 등반이 알려지자 그 다음해부터 새로운 기록을 수립하려는 실력파들이 모여들어 단독 등반을 하며 1시간의 벽을 깼다. 맨 나중에는 강희윤이라는 막노동을 하며 산을 다니던 클라이머의 37분대 기록까지 나왔다. 그러나 위험하고도 무리한 기록 경쟁이라는 분위기와 37분이라는 경이적인 기록까지 나온 마당에 더 도전할 필요가 있겠느냐는 분위기가 겹쳐 그 이후로는 아무도 기록 도전을 하지 않았다. 그러나 유학재의 토왕성 단독 등반 이후 그를 한국 산악인 중 최고의 테크니션으로 꼽는 데 반기를 든 사람은 아무도 없었다. 그러나 어이없게도 다음 달 유학재는 인수봉의 별로 어렵지도 않은 코스를 오르다 추락하여 6개월 동안 병원 신세를 져야 했다. 5월에 출발 예정이던 원정대의 명단에서는 당연히 제외되었다.

닭발과 개고기의 첫 원정은 그렇게 톱니바퀴가 잘 물려지지 않았다. 그러나 톱니의 수를 조정한 그 다음부터는 술술 잘 풀리기 시작했다. 1991년 코뮤니즘 원정을 시작으로, 1992년 매킨리 아메리칸 다이렉트, 키차트나 스파이어Kichatna Spire 원정을 거쳐 1995년 가서 브룸 4봉 원정까지 호흡을 계속 이어온 것이었다.

1995년, 가셔브룸 4봉

    19세기 중반부터 서양 문명에 의해 비로소 어느 정도 세상에 회자되기 시작한 히말라야 산맥. 지구상 마지막 미지의 세계를 찾는 인간의 발걸음은 탐험이라는 수단을 통해 이 거대한 산맥에 접근할 길을 찾기 시작했다. 그리고 알프스가 최고인 줄 알았던 그들의 눈앞에 나타난 거대한 봉우리들에 도전하고 오르기 위해 등반이라는 방법을 동원하기 시작했고 적당한 높이의 기슭에 자연스럽게 둥지를 마련했다. 그리고 이 전초기지이자 쉼터는 베이스캠프라는 이름으로 불리기 시작했다.

    그 후 수많은 도전과 희생을 담보로 인간은 마침내 정상에 올라섰지만 그것으로 만족하지 않았다. 같은 정상에 더 힘든 길로 오르려는 도전을 쉬지 않았던 것이다. 그 거대한 봉우리 중에서 1995년까지 인간에게 정상을 두 번밖에 허락하지 않은 험난한 산을 한 무리의 사람들이 오르려 하고 있었다. 'G4'라 불리는 파키스탄 히말라야의 가셔브룸 4봉해발 7,925미터. 1995년, 눈보라가 치는 그곳의 베이스캠프에는 한국 원정대가 있었다. 원정대장 조성대, 등반대장 유학재 그리고 나머지 10명의 대원들로 구성된 한국산악회 원정대였다.

　북동 능선을 통해 이 산을 처음 오른 것은 1958년 이탈리어 원정대였지만 그들이 오르려는 루트는 북동릉 루트보다 어려운, 1986년 미국 원정대가 만든 두 번째 루트인 북서릉 코스였다.

　사실 아무에게도 이야기하지 않았지만 조성대 대장이 눈독을 들이고 있었던 곳은 중앙에 버티고 서 있는 서벽의 직등 코스였다. 세계적으로 뛰어난 원정대들이 그곳에 도전장을 내밀었지만 그때까지 모두가 실패한 미지의 코스였다. 그러나 그곳을 오르기에는 아직 한국 산악인들의 실력이 모자랐다. 언젠가는 도전장을 내밀고 최초의 루트를 만들며 오를 기회가 있을지도 모르지만 당시로서는 무모한 도전에 가까웠던 것이다. 조성대 대장은 자신도 모르게 그 '그림의 떡'에 자꾸 눈길을 주고 있었다. 그러나 그 사실을 아무도 눈치 채지 못하고 있었고 조성대 대장도 시선을 접고 원래의 목표

사진 한국 산악회 제공

🔸 붉은색 선으로 표시한 것이 1986년 미국 원정대가 오른 북서릉 루트다.

인 북서릉 코스에 집중하려 노력하고 있었다.

"누구지?"

유학재가 무엇인가를 발견하고 혼자 중얼거렸다. 베이스캠프를

우리는
그곳에
있었다

설치한 지 일주일 정도 지났을 때, 저 멀리 콩코르디아 쪽에서 작은 점들이 움직이는 것이 보였다. '콩코르디아Concordia'라는 지명은 파리의 광장에서 따온 것인데 그곳은 가셔브룸 봉우리들과 K2해발 8,611미터 방향으로 나뉘는 교차점이었다. 그곳으로부터 가셔브룸 4봉의 베이스캠프까지는 하루 거리이지만 중간에 시야를 방해하는 것이 아무것도 없기 때문에 관측이 가능했다.

다음 날, 아침 일찍부터 움직이기 시작한 그 점들은 조금씩 커지며 G4 쪽으로 다가왔고 드디어 오후에는 한국 원정대가 있는 베이스캠프로 접근하는 것이 보였다. 네 명의 서구인들과 몇 명의 포터들. 한눈에 보아도 그들 역시 G4를 등반하러 온 원정대라는 것을 알 수 있었다.

한국 원정대 대원들이 손을 들어 인사를 하자 그들도 손짓을 하며 답례를 했다. 맨 뒤에 따라온, 수염을 멋지게 기른 중년의 신사가 원정대 대장으로 보였고 나머지 세 명이 등반대원들인 듯했다. 그중 한 명은 날씬하면서도 체격이 단단해 보이는 것이 한눈에 보아도 등반 좀 하겠다 싶은 강인함이 풍겼다. 나머지 두 명의 대원은 포터들이 짐을 내려놓는 사이에도 굉장히 들떠서 잡담을 하고 있었는데 반해 그 덩치 좋은 대원은 조용히 앉아 신발 끈을 조인 후 G4를 응시하고 있었다. 먼발치에 서 있던 유학재의 눈에 조성대 대장이 다가가 그들과 인사를 나누는 것이 보였다.

K2와 카라코룸 산맥의 봉우리들이 한눈에 들어오는 콩코르디아
오른쪽 끝이 가셔브룸 4봉이고, 중앙에 가장 멀리 있는 봉우리가 K2다.
ⓒ Patrick Poendl

"영어 좀 열심히 공부할걸."

 호기심 많은 유학재도 같이 끼어 미주알고주알 참견하고 싶었지만 언어가 짧아 먼발치에서 구경만 했다. 아쉬웠다. 그런데 그들과 이야기를 나누고 한국 팀 쪽으로 돌아오는 조성대 대장이 고개를 절레절레 흔들고 있었다.

 "어디 원정대래요?"

 "슬로베니아 팀인데 중앙 서벽으로 올라간단다."

우리는
그곳에
있었다

"그래요? 야, 센 놈들이네."

"놈들이 아니라, 놈이다, 놈."

유학재가 무슨 이야기인지 이해를 못해 작은 눈을 껌벅이자 조성대가 무표정하게 대답을 했다.

"등반은 한 명이 한다고. 저기 앉아 있는 저 친구 혼자."

"뭐야, 서벽을 혼자 등반한다고?"

유학재는 잠시 충격을 느꼈다. 중앙 서벽은 1983년 당시의 미국 최정예 등반가들이 6,900미터 지점까지 진출한 뒤, 더 이상 오르

슬로베니아 원정대의 토마스 대장과 단독 등반에 나선 슬라브코
_영화 〈우리는 그곳에 있었다〉에서

지 못하고 내려와 인간이 오를 수 없는 루트라고 결론을 내린 곳이었다. 물론 자신들이 못 올라갔기에 자존심이 상해서 그런 이야기를 했는지는 모르겠지만 히말라야 등반 역사상 해결이 안 된, 몇 안 되는 과제로 남아 있는 최고 난이도의 코스였다. 그런데 유학재는 1983년 이후 아무도 시도조차 못하고 있는 그곳을 슬로베니아에서 온 등반가가 혼자서 오르겠다는 이야기를 방금 들은 것이다.

"뻥 아닐까요?"

"글쎄, 슬로베니아가 워낙 센 놈들이 많아서……."

그 사이 혼자서 오를 예정이라는 그 잘생긴 대원은 나머지 두 명이 텐트를 치는 동안 자신의 배낭에서 짐을 꺼내고 있었다. 더욱 호기심이 강해진 유학재가 슬며시 바라보았다. 얼핏 보아도 한국 산악인들이 인수봉을 하루 만에 오를 때 필요한 정도의 장비밖에는 나오지 않았다.

"설마 저 정도 장비로 서벽을 오르려고 하는 것은 아니겠지?"

유학재는 그 친구에 대해 점점 관심이 높아지기 시작했다. 단독 등반을 할 그 슬로베니아 등반가의 이름은 슬라브코 스베티취치Slavko Svetičič'였다. 점잖아 보이는 대장은 토마스 얌닉Tomaž Jamnik이라고 했고 나머지 두 명은 어시스트로 따라온 듯했다. 엄밀히 말하자면 대장과 대원, 단 두 명뿐인 원정대인 것이다. 그때까지 히말라야의 험한 고봉을 혼자 오른 것은 현존하는 세계 최고의 전설적인 산악 등반가 라인홀트 메스너Reinhold Messner가 낭가파르바트Nanga Parbat, 해발 8,125미터를 단독으로 등반한 정도밖에는 회자되는 것이 없었다. 슬로베니아 원정대의 말이 사실이라면 저 단출한 배낭을 풀어 놓고 있는 친구는 대단한 클라이머임에 틀림없을 것이다. 하긴 동유럽의 폴란드나 슬로베니아 등반가들이 굉장히 대단하다는 말은 들은 기억이 있었다.

슬로베니아는 발칸 반도 북서부에 자리 잡고 있으며 오스트리아와 이탈리아, 헝가리, 크로아티아 사이에서 각각 동서남북을 연결해 주는 인구 200만의 작은 나라다. 1991년 유고 연방과 10일간의

슬로베니아 블레드 호수(Lake Bled)에 있는 성모승천성당(the Church of the Assumption)
ⓒ Fesus Robert

슬로베니아의 수도 류블랴나(Ljubljana)의 시청 주변
ⓒ Matej Kastelic

치열한 전쟁만으로 독립을 한 후, 남쪽과 접경해 있는 크로아티아나 보스니아와 달리 큰 사건과 사고 없이 안정되게 국정이 운영되고 있다.

알프스 산맥의 끝자락인 '줄리앙 알프스'에 걸친 이곳은 국기에 이 나라 최고봉인 트리글라브Triglav 산이 들어가 있을 정도로 산의 정서가 가득한 곳이기도 하다. 그런 이유에서인지 스키, 스노보드, 스케이팅 등 동계 스포츠의 세계적 선수들도 많이 배출하고 있는데 산악 등반에서도 그 위상은 대단하다. 불가능해 보이는 루트만을 찾아다니던 천재 산악인 토마스 휴마르Tomaz Humar, 2009년 사망, 첫 시도 실패로 두 손가락을 절단하고 2000년에 재시도하여 에베레스트 정상에서 베이스캠프까지 스키로 3,500미터의 표고차를 5시간 만에 활강하는 데 성공했던 다보 카르니차르Davo Karnicar, 인간의 한계를 넘어선 슈퍼맨이 아니면 탈 수 없는 국제 산악계 최고 권위인 황금 피켈상을 수상했던 마르코 프레제Marco Prezelj와 보리스 로렌식Boris Lorencic, 인간으로서는 불가능하다는 평가 때문에 아직도 그 진위가 가려지지 않았지만 겨울에 로체 남벽을 단독으로 등정한 토모 체슨Tomo Cesen 등 인구 200만의 이 작은 나라에서 배출한 세계적 산악인은 수도 없을 정도다. 그 조그만 나라의 수많은 슈퍼맨들 중에서도 슬라브코는 원조 격인 등반가였던 것이다.

우리는
그곳에
있었다

슬라브코와 이야기를 나누는 조성대 대장
_영화 〈우리는 그곳에 있었다〉에서

조성대 대장은 그 다음 날 서벽의 지도를 들고 슬라브코와 이야기를 나누고 있었다. 나름 알고 있는 정보를 교환하는 것이었지만 조성대의 속내는 따로 있었다. 그 역시 오래전부터 G4의 중앙 서벽 루트를 탐내고 있었다. 그래서 한국 팀보다 한수 위로 보이는 슬라브코의 등반 방식이 알고 싶었던 것이었다.

슬라브코는 본격적인 등반에 들어가기 전에 컨디션 조절을 하려는지 곧바로 주위의 봉우리들을 오르내리는 훈련에 들어갔다. 준비에서부터 이동, 등반까지 혼자 실행했는데 단독으로 움직이는 것이 굉장히 몸에 익숙한 듯 보였다. 심지어 자신의 등반에 필요한 장비들을 실질적인 등반이 시작되는 캠프 1까지 나르는 것도 다른 사람의 도움을 받지 않고 스스로 하는 것 같았다. 그러다 보니 따라온 두 명의 어시스트 대원은 별로 할 일이 없어 보였다. 슬라브코는 어시스턴트조력자가 필요 없는 철저한 솔로 클라이머였다.

한국 원정대는 중간고사 때 옆 사람 답안지 훔쳐보듯 멀리서 힐끗힐끗 슬라브코가 등반하는 모습을 지켜보았다. 그리고 내심 놀라지 않을 수 없었다. 그의 등반은 얼핏 보기에도 유연성, 체력, 스피드, 과감성 등 거의 모든 면에서 완벽에 가까웠기 때문이다. 자신의 눈으로 직접 확인한 유학재는 큰 충격을 받았다. 그런 등반은 생전 처음 보는 것이었다. 세상은 넓고 고수들은 많음을 절실히 다시 한 번 느끼게 되었다.

원정대장인 토마스는 아주 점잖고 차분한 사람이었다. 그 역시 젊은 시절 많은 원정을 다닌 산악인이었고 슬로베니아 내에서는 명망 있는 인사라는 것을 어시스턴트들의 이야기를 통해 알 수 있었다. 본인은 이번 원정이 슬라브코 혼자 기획하고 진행한 것이라고 겸손을 떨었지만 누가 보아도 경제적인 지원을 비롯하여 든든한 선배 역할을 하고 있음이 분명했다. 토마스 대장과 슬라브코는 한국 원정대를 좋아했다.

그들은 일단 선후배의 기율이 서 있는 한국인들의 체계에 놀랐다고 한다. 나이 차에 상관없이 편하게 친구처럼 지내는 그들의 정서에서 본다면 선후배 사이에 엄격한 질서가 존재하는 것이 약간의 충격으로 다가왔을 것이다. 그러나 선배는 후배를 염려하며 아끼고, 후배는 선배를 존경하며 따르는 지극히 동양적이고 한국적인 그 질서가 매력적이었다고 토마스 대장은 회고하고 있다. 또한 한국 원정대원들이 자신을 같은 산악계의 선배로 생각하고 세세한 것까지도 챙겨 주며 선배 대접을 해 주자 그것이 서로 존중하는 한국 스타일임을 알게 되었다. 그래서 두 사람은 합리적이지만 개인주의적 성향이 짙은 서구인들과 달리 정情이 많은 한국인들의 정서에 서서히 빠져들었다. 그리고 한국인만의 분위기에 이내 익숙해졌다. 유학재와 슬라브코는 마주칠 때마다 인사를 나누었지만 언어 때문에 깊은 이야기를 나누지는 못했다. 그러나 그야말로 선수끼리 공유하는 묵직한 공감대를 서로가 느낄 수는 있었다. 황량한 히말라야의 빙하 위에서 만난 타국의 사람들이었지만 그들은 서로가 처음부터 같은 교집합 안에 들어 있었던 또 다른 '우리'임을 이미 알고 있었던 것이다.

히말라야에서 베이스캠프는 때와 장소에 따라 분위기가 천차만별이다. 날씨가 등반의 성패를 좌우하는 가장 중요한 요소이다 보니 등반을 할 수 있는 시기가 정해져 있어 어떤 때에는 한 개의 산에 수많은 나라의 원정대 베이스캠프가 세워지기도 한다. 그런 경우의 베이스캠프 지대는 시장통처럼 부산해진다. 수많은 텐트와 수많은 원정대가 서로 돕기도 하지만 입학시험만큼의 눈치작전을 벌이기도 하는 것이다. 국적이 달라도 비슷한 정서를 가지고 있기 때문에 금방 친해지기도 하지만, 그 험한 곳까지 찾아온 이유가 단순히 관광을 하기 위해서가 아니라 치열한 정상 등반을 하기 위해서이기 때문이다. 결국 어느 원정대가 언제 어느 코스로 또 어떤 방식으로 올라가는가를 파악하고 밤마다 자신들만의 작전을 짜기 위해 각자의 텐트에서 열띤 회의를 하게 마련이다. 그러나 1995년 G4의 베이스캠프에서 만난 두 나라의 원정대는 처음부터 한적한 곳에서 만난 좋은 친구들일 뿐이었다.

그러던 어느 날, 한국 원정대의 공격조 등반대장이었던 유학재는 대원들과 북서쪽 능선의 루트를 뚫고 있었다. 바람이 좀 불었지만 그런대로 등반하기에 나쁜 날씨는 아니었다. 해발 6,000미터 지점, 그는 간신히 몸을 걸칠 만한 곳에 앉아 휴식을 위해 피켈을 얼음에 꽂고 확보를 했다. 그리고 돌아앉은 그의 눈에 멀리 보이는 G4의 중앙 벽에 찍힌 작은 점이 들어왔다. 그리고 그 점은 조금씩 움직이고 있었다.

"저게 뭐지?"

유학재는 비디오카메라를 꺼내어 최대한 줌을 당겼다. 렌즈를 통해 그의 시야에 들어온 것은 단독으로 그 엄청난 벽을 오르고 있는 슬라브코의 모습이었다.

슬라브코는 언제든 올라갈 준비를 하고 있었다. 단독 등반이었기에 본인만 준비가 되면 언제든 출발할 수 있었기 때문이다. 그래서 그가 언제 등반을 시작할지는 아무도 모르고 있었다. 아마도 그날 흐렸던 날씨가 개이고 바람도 잦아들자 한국 팀이 출발한 직후, 중앙 벽으로 향한 듯했다.

"멀리 서벽 중앙에 누군가가 혼자서 오르고 있더라고. 직감적으로 슬라브코라는 것을 알았지. 사실은 좀 놀랐어. 8,000미터에 가까운 히말라야 산을, 그것도 모두가 실패하거나 사망했던 코스를 혼자서……. 솔직히 정말 그러겠느냐는 생각도 좀 있었고. 대단하다는 경외감이 들더라고."

멀리 아득한 점 하나로 보이던 슬라브코. 그러나 그 모습이 생전에 포착된 슬라브코의 마지막일 것이라는 생각은 아무도 하지 못했다.

6월16일, 슬라브코는 해발 6,300미터 지점에서 비박을 하는 것이 확인된 후 등반을 계속했다. 등반가 자신의 컨디션 이외에 등반의 성공 여부를 결정하는 가장 중요한 외적 요소는 날씨다. 그런데 슬라브코는 그런 면에서 운이 없었다. 무언가 불운의 조짐이 보이기 시작했던 것이다.

6월17일, 많은 경우의 수를 계산하고 기상 조건을 예측한 뒤 등반

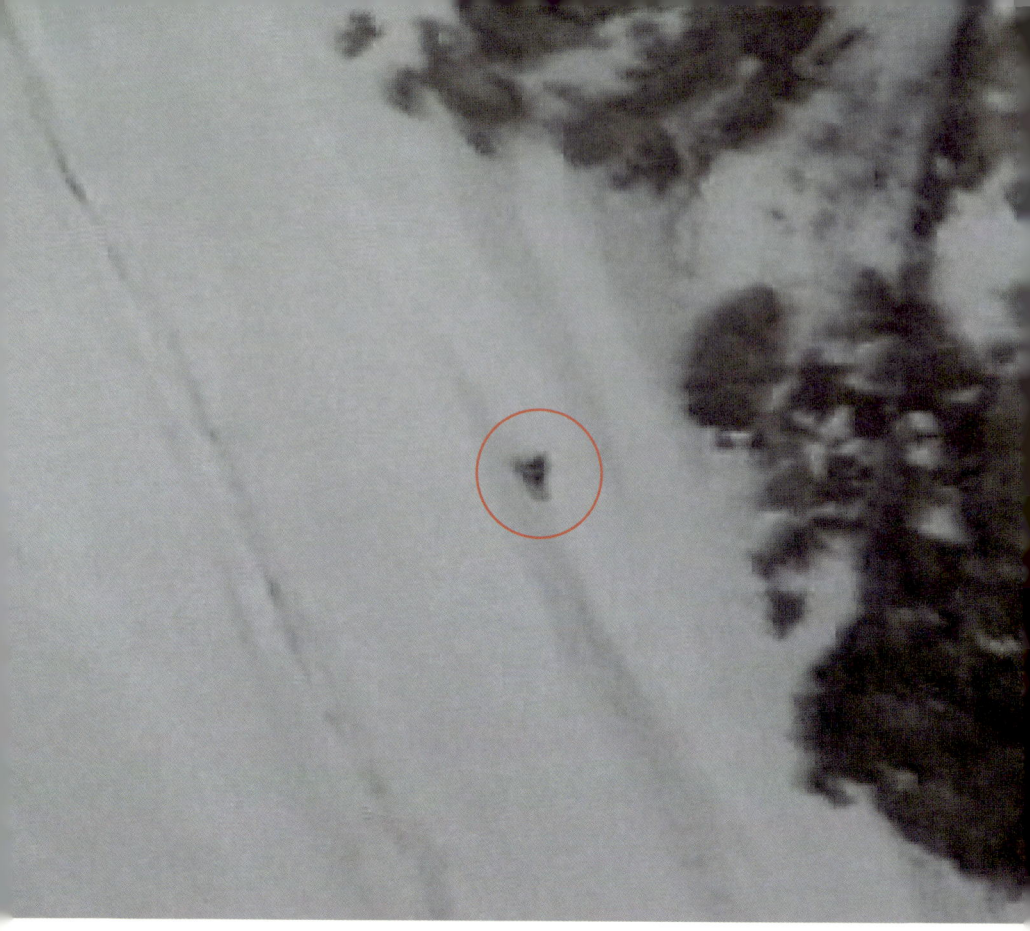

한국 원정대의 캠코더에 찍힌 슬라브코의 생전 마지막 모습
_영화 〈우리는 그곳에 있었다〉에서

을 시작했지만 G4를 둘러싼 풍광은 도화지에 물감이 먹어 들어가듯 점점 심상치 않게 변했다. 그리고 이윽고 바람이 점점 심해져갔고 간간히 눈보라까지 치기 시작했다.

　6월 18일, 드디어 서벽에는 눈 폭풍이 몰아쳤고 진한 가스가 끼었다. 슬라브코의 모습을 망원경으로 확인할 수는 없었지만 다행히도

우리는
그곳에
있었다

무전기를 통해서 통신은 할 수가 있었다. "괜찮다."라고 전해 온 무전 이후, 통신 연결이 원활하지 않자 토마스 대장은 애가 타기 시작했다. 히말라야의 날씨 변화가 무엇을 의미하는지 잘 알고 있었기 때문이다. 이제 나이가 들어 젊은 등반가들의 후원을 하는 조력자 역할을 할 뿐이지만 그 역시 젊은 시절부터 오랜 기간 등반을 했던 베테랑 클라이머 출신이었다. 베이스캠프에서조차 텐트를 날려 버릴 것 같은 세찬 바람을 느낄 정도라면 정상으로 이어지는 루트가 현재 어떤 상황인지는 예측하고도 남았다. 아마도 그곳은 시속 120킬로미터의 세찬 제트 기류가 몰아치고 있을 것이었다. 그런 상황에서는 거의 몸을 움직일 수 없기 때문에 대피할 장소를 찾기도 힘들다. 더군다나 그 루트로는 아무도 오른 적이 없기 때문에 어디에 무엇이 존재하는지 아무런 정보가 없었다. 예측할 수 있는 대피 장소를 찾는 것은 불가능해 보였다. 설사 바람이 잦아든다 할지라도 화이트 아웃_{주위의 모든 것이 가스나 안개 때문에 백색으로 보이는 현상. 원근감과 거리감을 상실하며 '시야 불능'의 상태가 된다} 때문에 위치를 확인하지 못하고 절벽으로 실족사할 가능성도 있었다.

6월 20일, 고심을 거듭하던 토마스 대장은 슬라브코에게 하산할 것을 지시했다. 슬라브코는 단기간에 정상까지 올라갔다 온다는 계획을 세웠기 때문에 최대한 무게와 부피를 줄인 그의 배낭에는 산악 등반에 필요한 최소한의 것들만 들어 있었다. 침낭은 고사하고

가셔브룸 4봉
© Patrick Poendl

여벌의 옷도 없었다. 통신용 배터리 또한 충분히 가져갈 수가 없었기 때문에 정해진 시간에만 통신을 했다. 이미 눈 폭풍 때문에 전진을 못한 상황에서 아무리 아껴 사용하였더라도 식량은 전부 바닥이 났을 것이고 매서운 눈보라 속에서 그 정도의 의복으로 더 이상 견디는 것은 무리였을 것이다. 그런데 그 무전 직후, 슬라브코와의 통신이 끊겼다.

6월23일, 며칠 동안 발을 동동 구르던 토마스 대장은 훨씬 더 강력한 성능을 가진 한국 원정대의 무전기를 통해 주파수를 맞추고 무전을 시도했지만 기대했던 슬라브코의 목소리는 무전기를 통해 흘러나오지 않았다.

6월25일, 그와의 연락이 끊긴 지 또 며칠이 지났다. 그동안 거의 뜬 눈으로 밤을 지새운 토마스 대장의 얼굴은 이미 반쪽이 되어 있었다. 괜찮을 것이라며 위로의 말을 건네던 조성대 대장도 더 이상의 희망을 주는 이야기를 건네기 힘들어졌다. 인근의 헬기를 수배하여 수색을 펼쳤지만 거센 바람 때문에 서벽에 접근하기가 어려웠다. 이틀 동안 갖은 노력을 다했지만 6,000미터 지점에서 그가 등반한 흔적을 찾은 것 이외에는 아무것도 발견할 수가 없었다. 남은 것은 기적밖에 없었다. 하지만 가셔브룸 4봉의 서벽은 그런 일은 없을 것이라는 듯 눈보라와 거센 바람을 쏟아내고 있을 뿐이었다.

우리는
그곳에
있었다

구조에 나선
유리 오블락의 조난

슬라브코와 통신이 두절되어 전전긍긍하는 사이에 또 다른 사건이 터졌다. 슬로베니아 원정대의 어시스턴트로 왔던 유리 오블락 Jurij Oblak이 사라진 것이었다. 나중에야 그가 토마스 대장에게 허락도 받지 않고 혼자서 슬라브코의 행적을 찾아본다며 등반로를 따라 올라간 것으로 확인되었다.

그렇지 않아도 슬라브코와 연락이 끊겨 노심초사하던 토마스 대장은 어쩔 줄 몰라 했다. 유리가 제멋대로 결정했든 어쨌든 간에 팀의 리더는 토마스 대장 본인이었고 그에 따르는 원정대의 책임도 그의 몫이었기 때문이다. 슬로베니아 팀의 사정을 전해 들은 조성대 대장은 급히 캠프1의 한국 대원들과 교신을 했다.

"캠프1, 캠프1, 여기는 대장이다."

"캠프1입니다."

"슬로베니아 팀의 유리 대원이 베이스캠프에서 올라간 지 이틀째 행방불명이다. 등반로를 따라 수색을 하도록. 이상."

여러 가지 상황을 예상할 수 있었다. 눈사태는 대개 날씨가 따뜻해지면서 온도 차에 의하여 발생한다. 일단 며칠 동안 폭풍이 불어 대고 있는 상황이고 한동안 눈사태의 징후가 없었던 것으로 미루어 눈사태에 의한 조난은 아닐 것이라는 예상이 가능했다. 그렇다면 계곡으로 추락하여 부상을 입은 채 움직일 수 없는 상태일 가능성이 컸다. 만약 그런 경우라면 이미 만 하루 반이 지난 지금, 굉장히 급박한 상황일 수 있었다.

벌어진 텐트 입구 사이로 눈발이 다시 날리기 시작하는 것이 보였다. 교신을 끝낸 캠프1의 한국 팀은 로프와 구조에 쓰일 장비들을 서둘러 챙기고 등반로를 따라 수색 작업을 시작했다. 이미 눈보라 때문에 족적이 다 지워진 상태라 계곡을 따라 나 있는 절벽 쪽을 꼼꼼히 살피며 올라가야만 했다. 수색이 더딜 수밖에 없었다. 계곡으로는 흔적이 없었다. 어쩌면 이대로 또 한 명의 실종자가 나올지도 모르는 일이었다.

경사가 더욱 급해지는 지점에 텐트처럼 보이는 점이 눈에 들어왔다. 점점 가까워지며 그것이 텐트라는 것을 확인할 수 있었는데 주위에는 사람이 움직인 흔적이 전혀 없었다. 단숨에 텐트까지 올라간 한국 팀이 급하게 숨을 몰아쉬며 텐트의 입구를 열었을 때 유리는 그 안에 조용히 누워 있었다. 설맹雪盲에 걸린 것이었다.

히말라야처럼 온통 만년설로 뒤덮인 지역에서는 태양이 내리쬐는 빛뿐 아니라 눈에 반사된 빛의 자외선까지 감수해야 한다. 그 엄청난 양의 자외선에 노출될 경우, 단시간 내에 망막이 손상되고 심한 경우 각막에도 영향을 미치게 된다. 엄청난 통증을 느끼며 아무것도 볼 수 없게 되지만 수일 내에 저절로 회복이 되는 경우가 대부분이다. 그러나 고산 등반 같은 험한 여건 속에 처해 있다면 앞을 전혀 볼 수 없는 상황에서 큰 위험이 뒤따를 수밖에 없고 특히 주위에 도와줄 사람이 아무도 없는 경우 이차적인 위험에 빠져 죽음에 이를 수도 있다. 등반 중에 반드시 고글을 써야 하는 이유다.

알프스 초기 등반 역사에도 추락 등에 의하여 고글을 분실한 뒤 설맹에 걸리는 바람에 사망한 등반가들의 시신이 굉장히 많이 발견되었다는 기록이 남아 있다. 유리의 경우, 텐트 주위에서 아무 생각 없이 고글을 벗고 있다가 설맹에 걸렸다. 앞을 볼 수 없는 상황에서 통증에 시달리며 그는 이틀 동안 먹지도 못하고 아무것도 할 수 없었던 것이었다. 다행히 텐트 안에만 있었기에 구조가 가능했지, 혼자서 해결해 보고자 움직이기 시작했다면 절벽으로 떨어지거나 더 험한 상황을 맞았을지도 모르는 일이었다.

한국 팀은 응급 조치를 한 뒤 앞을 볼 수 없는 그의 허리에 로프를 묶고 한 발자국 한 발자국 같이 디디고 알려주면서 전진 캠프까지 하산을 시도했다. 이미 해가 지고 있는 중이라 마음이 조급했지만 심 봉사를 끌고 다니는 심청이의 마음으로 내려가는 수밖에는 다른 도리가 없었다.

한국 원정대에 의해 구조된 직후의 유리 오블락
_영화 〈우리는 그곳에 있었다〉에서

다행히 해가 넘어가기 직전에 캠프1에 도착했다. 텐트 안에 앉히고 나자 그제야 마음의 안정을 찾았는지 유리는 울먹이기 시작했다. 히말라야 산중에서 이틀 동안 세상이 캄캄해지는 두려움에 처했던 만큼 그의 운명 또한 한치 앞을 볼 수 없이 캄캄했을 것이다. 대장의 허락도 없이 객기를 부리며 까분 대가를 톡톡히 치른 셈이었다.

"구조 완료. 설맹에 걸려 하산에 시간이 많이 걸렸습니다. 이상."

교신을 통하여 일단 그를 무사히 구조해 왔다는 소식을 베이스캠프의 조성대 대장에게 전했다. 이 소식을 듣고 한국 팀 텐트로 토마스 대장이 찾아왔는지, 잠시 후 토마스 대장의 목소리가 무전기를 통하여 전해져 왔고 마이크를 손에 쥐어 주자 유리는 토마스 대장과 교신을 하기 시작했다. 자국의 언어로 이야기를 나누었기에 한국 대원들은 무슨 이야기를 하는지 알아들을 수 없었지만 무전기를 통해 들려오는 토마스 대장의 목소리는 무척 화가 난 듯했다. 꽤 점잖은 토마스 대장이었기에 좀 의외였지만 통제를 따르지 않고 마음대로 행동한 유리 대원의 행동은 질책을 받을 만했다. 평소에도 앞뒤 없이 대장의 통제에 따르지 않고 까불거리던 유리의 행동이 생각나 텐트 안의 몇몇 한국 대원들은 속으로 '쌤통이다'를 연발했다.

16년 후, 슬로베니아를 방문했을 때 유리가 토마스 대장에게 슬로베니아 언어로 징징대며 무전하던 그 당시의 촬영 장면을 현지에서 알게 된 슬로베니아 친구에게 보여 주었더니 깔깔대며 웃었다. 그 이유를 물어보았더니 유리가 이런저런 핑계를 대며 변명을 하면서 "돼지처럼 질질 끌려 내려왔다"는 이야기를 했는데 그 표현이 슬로베니아에서는 굉장히 웃기는 표현이라고 설명을 해 주었다. 아마도 우리식으로는 저급한 표현을 할 때 '개'를 빗대는 경우가 많은데 그들은 '돼지'라는 동물로 비유하는 것 같았다.

2011년에 슬로베니아에서 만난 유리 오블락.
당시를 회상하며 다시 한 번 한국 원정대에 감사를 표했다.
_영화 〈우리는 그곳에 있었다〉에서

    돼지처럼 끌려 내려왔건 개처럼 끌려 내려왔건 어쨌든 말썽꾼 유리는 살아 돌아왔다. 정확히 이야기하자면 살려서 내려왔다. 한국 팀의 하찬수 대원은 아직 심 봉사이던 유리의 허리에 로프를 묶은 채 캠프1에서 베이스캠프까지 동행하며 다시 한 번 심청이가 되어야 했다. 베이스캠프를 향해 발로 땅을 더듬으며 내려오는 유리를 보고 있던 토마스 대장은 한국 원정대에게 미안하기도 고맙기도 했지만 일단은 가슴을 쓸어내릴 수 있었다. 실종된 슬라브코의 문제만으로도 마음이 무거워져 있는 상황에서 잘잘못이야 어쨌든 유리까지 사고를 당했다면 그는 감당하기 힘들었을 것이다.

우리는
그곳에
있었다

가장 높은 곳에
묘지를 마련한 사나이

　3일치의 식량과 연료를 가지고 서벽을 올랐던 슬라브코가 실종된 지 열흘이 지났다. 지금까지 모든 나라의 원정대가 실패했던 극한의 루트를 등반하다가 연락이 끊긴 슬라브코. 그 루트는 일본 원정대가 세 명의 희생자를 냈을 만큼 위험한 곳이었다. 게다가 슬라브코의 등반은 그때까지 고산에서 거의 행해진 바가 없던 단독 등반이기까지 했다. 더불어 그와의 연락이 끊긴 시점은 눈 폭풍이 심하게 치고 화이트 아웃이 된 후였다.
　히말라야에서 그런 것들이 무엇을 의미하는지는 험한 산을 경험한 사람이라면 누구나 알 수 있었다. 암묵적으로 먼저 그 이야기를 먼저 꺼내는 사람은 없었지만 결론은 이미 나 있는 것이나 다름없었다. 토마스 대장의 얼굴은 매일 뜬 눈으로 밤을 지새운 탓에 심하게 야위었고 말수도 줄어들었다. 그리고 드디어 결심을 했는지 그의 실종과 죽음을 동일 선상에 놓고 결론을 지었다. 어쩔 수 없는 일이었다.

토마스 대장의 모습을 바라보는 조성대 대장은 착잡하기만 했다. 젊음을 산에 바치고 히말라야 등반을 경험하며 이제는 후배들을 이끌고 또 다른 도전을 위해 G4를 찾은 두 사람. 비슷한 인생을 살았고 같은 역할을 맡고 있는 그였기에 토마스 대장의 심정을 이해할 만했다. 결론을 내렸지만 토마스 대장은 곧바로 짐을 꾸리지 못했다. 표 끊었다고 바로 기차에 올라탈 수는 없는 일이었다.

토마스 대장은 하염없이 G4의 서벽을 바라보고 있었다. 저 높고 드넓은 산 어디엔가 후배의 주검이 누워 있을 것이었다. 그런 그를 조성대 대장이 찾아갔다. 그리고 그에게 철수하기 전에 슬라브코의 추모식을 하는 것이 어떻겠냐는 제안을 했다. 토마스 대장의 입장에서는 고마운 일이 아닐 수 없었다. 어떻게 보면 같은 산을 등반하러 와 만난 타국의 원정대일 뿐이었다. 수많은 히말라야 등반을 하면서 지금까지 타국의 원정대는 수도 없이 많이 만나 보았다. 이미 특이한 인간들끼리 만난 다음에야 서로가 특이할 것도 없는 데에다 히말라야 등반이라는 것이 나의 등반만을 신경 쓰기에도 벅찬 일인데 한국에서 왔다는 저들은 조금 다른 종류의 인간들처럼 보였다.

2011년 슬로베니아에서 만난 토마스 얍닉 대장.
당시 한국 원정대가 보여 준 우정을 그는 아직도 마음속에 간직하고 있다고 한다.
_영화 〈우리는 그곳에 있었다〉에서

단지 조난을 당했던 자신의 대원을 구조해 주었기 때문만은 아니었다. 실의에 빠진 자신을 진심으로 격려하고 걱정해주는 조성대 대장이 그는 눈물 날 정도로 고마웠다.

조성대 대장은 대원들에게 슬라브코를 기리자고 제안했다. 한국 팀은 잠시 등반을 멈추고 슬라브코의 추모식을 준비하기 시작했다. 유학재를 비롯한 한국 대원들도 슬라브코의 등반 능력과 그 엄청난 도전정신에 감화를 받았던 터라 흔쾌히 동참했다. 손재주가 뛰어났던 송영만 대원은 현장에서 추모 동판을 제작했다. 추모 동판이라고 해 봐야 조그만 망치와 돌아다니던 못만으로 스테인리스 접시 앞면에 음각을 하여 글씨를 새겨 넣은 것이었지만 험한 파키스탄 히말라야의 계곡에서 이 이상 좋은 재료는 없어 보였다. 몇 시간 후 나름대로 멋진 추모동판이 완성되었다.

동판을 걸 장소는 조성대 대장이 직접 찾아 나섰다. 그는 베이스캠프에서 멀지 않은 곳에서 자연적으로 암벽이 천장 구실을 해서 추모 동판을 걸어 놓아도 눈비에 노출되지 않을 좋은 바위벽을 찾아내었다. 잠시 후, 송영만 대원은 그 바위벽에 등반용 해머와 앵커 볼트를 이용하여 동판을 설치했다. 바로 앞에는 이름 모를 꽃들이 그 일대에서 유일하게 피어 있었다. 무뚝뚝한 겉모습과는 달리 감성적인 조성대 대장은 그곳에 '슬라브코의 정원 Slavco's Garden'이라는 썩 그럴듯한 이름까지 붙였다. 추모식에 어울리는 날씨가 어떤 것인지는 잘 모르겠으나 어쨌든 추모식이 벌어지던 날은 그동안의 날씨와 달리 화창하기만 했다.

슬라브코를 기리는 추모 동판과 추모식에서
묵념하는 한국 원정대원들
_영화 〈우리는 그곳에 있었다〉에서

'He was one of the best climbers in the world.'

묵념에 이은 추모사에서 토마스 대장은 슬라브코라는 시대를 앞서갔던 산악인에 대한 회상과 함께 한국 원정대에 대한 우정 어린 감사의 인사를 잊지 않았다. 유학재는 지금까지도 언어의 한계로 슬라브코와 많은 대화를 나누지 못했던 것을 못내 아쉬워하고 있다. 이야기를 더 나눌 수 있었더라면, 또 그가 성공적인 등반을 했더라면 지금도 가끔 만나 서로의 마음을 주고받을 수 있는 좋은 친구가 되었을 텐데 하는 안타까움이었다.

추모식이 거행된 다음 날, 슬로베니아 원정대의 리더 토마스는 철수를 하며 한국 친구들과 일일이 뜨거운 포옹을 했다. 저 산 어디엔가 소중한 친구를 묻고 집으로 향하던 그는 수도 없이 돌아보고 또 돌아보며 수도 없이 손을 흔들었다. 그에게는 산에 미친 자들이 겪어야만 하는 어쩔 수 없는 숙명 같은 순간이었을 것이다. 수많은 언덕을 넘으며 멀어져 가면서 그는 한국 원정대원들이 보이지 않을 때까지 하염없이 돌아보며 손을 흔들었다.

위대한 사람,
슬라브코 스베티취치

슬라브코 스베티취치1958~1995······.

무협지에서는 무협의 최고 경지, 즉 12성에 도달한 주인공들이 등장한다. 가셔브룸 4봉 중앙 서벽에서 사라진 슬라브코는 아쉽게도 11성의 경지를 터득하고 12성의 문턱을 넘지 못한 비운의 무사다.

1995년에 생을 마감한 뒤 그로부터 많은 시간이 지났지만 슬로베니아에서는 그에 대한 사이트www.slavko-sveticic.com가 아직도 운영되고 있을 정도로 그는 국민 영웅으로 추앙되고 있다. 그 사이트에 남겨진 그의 등반 기록을 살펴보았다.

1979년에 기록이라고 남길 만한 최초의 등반을 시작한 이래 1995년 가셔브룸 4봉에서의 마지막 등반이 228번째로 장식되며 기록을

우리는
그곳에
있었다

마감하고 있었다. 놀라운 점은 알프스 산맥의 프랑스, 스위스, 이탈리어, 슬로베니아, 크로아티아 등과 남미, 미국, 뉴질랜드 그리고 히말라야 등 그야말로 전 방위적으로 행해진 228번의 등반 중 많은 등반들이 초등初登, 단독 등반 혹은 초등인 동시에 단독 등반이라는 사실이었다. 그중에는 암벽 등반 코스로 보이는 루트에서 프리 솔로로 등반한 기록들도 심심찮게 보였다.

중력과 싸우며 단독 등반과 초등을 추구했던 사나이. 도전을 넘어서 처절해 보이기까지 하는 그의 기록은, 왜 그가 그곳에 도전했던 모든 원정대가 희생자를 내고 실패했던 가셔브룸 4봉의 서벽으로 향했는지를 간단하게 설명하고 있었다.

나는 주변 사람들로부터 산악인은 산에서 생을 마감하는 것이 행복한 것 아니냐는 이야기를 가끔 듣는다. 그런 원론적인 문제를 가지고 침을 튀기지는 않지만 속으로는 '죄송하지만 제발 그런 삼순이 허리 살 터지는 소리 좀 그만 하시오'라고 뇌까린다. 산을 오르는 사람들은 죽기 위해서가 아니라 살기 위해서 오른다. 더 정확히 이야기하자면 살아 있음을 확인하기 위해서 오른다. 너무나 큰 감성과 열정을 가지고 태어난 죄로 스스로 고행을 택하지 않으면 숨을 쉬고 있는 자신을 의심하게 되는 오류에 빠질 수밖에 없는 것이다. 꼭 '개똥밭에 굴러도 이승이 낫다'라는 개념에서 하는 이야기는

파키스탄 히말라야에 있는 K2
ⓒ Patrick Poendl

아니지만 어쨌든 그들의 최종 목적은 정상이 아니라 살아 돌아오는 것이다. 우스갯소리 한마디 보태자면 힘들게 산에 올라 자살하는 사람은 없다. 자살하려는 사람들이 택하는 모든 장소는 쉽게 접근할 수 있는 곳이다. 오히려 삶의 의지가 충만한 사람들만이 산에 오르는 것이다.

그러나 처절한 등반만을 추구했던 슬라브코라는 슈퍼 클라이머의 경우만은 이미 가셔브룸 4봉에 묻히기로 되어 있었던 운명을 타고난 것이 아닐까 하는 생각이 문득 들었다. 그가 가셔브룸 4봉을 처음 본 것은 1988년 K2에 등반을 가던 중이었다고 한다. 가셔브룸 4봉이 파키스탄의 카라코룸 히말라야 산군을 따라 K2로 향하는 길목에 위치해 있었기 때문이다. 그리고 저녁노을에 비치는 너무도 황홀한 그 산에 취해 언젠가는 반드시 저 산을 오를 것이라는 결심을 했다고 한다. 그때부터 그의 머릿속에는 운명처럼 만난 연인을 생각하는 것마냥 온통 가셔브룸 4봉에 대한 열망으로 꽉 들어차게 되었다.

프랑스어에는 모든 명사名詞가 남성, 여성으로 나뉜다. 그동안 나는 왜 프랑스어에서 산山을 여성명사 la montagne로 분류해 놓았을까, 라는 시답잖은 의문을 갖고 있었다. 그러나 슬라브코의 사연을 알게 되면서 산이 남성적이라는 나의 생각을 바꾸게 되었다. 산이 품고 있는 엄청난 에너지와 변화무쌍한 성격, 언제나 한 자리를 지키

우리는
그곳에
있었다

고 있는 장엄함과 우아함…… 산은 매력적인, 너무나 매력적인 여성인 것이다.

그러나 G4라는 연인에게 다가가고자 하는 슬라브코의 열망은 1993년 안나푸르나에서 큰 부상을 입으며 장벽을 만난다. 슬라브코는 당시 지구상에서 가장 어려운 코스 중 하나라고 불리는 안나푸르나 남벽8,000미터 급 14개 정상들을 등정한 박영석 대장도 이 코스에서 숨을 거두었다을 동료와 함께 등반하기 위해 네팔 히말라야로 떠났다. 굉장히 비중이 있는 등반이었기 때문에 슬로베니아 국영 방송 다큐멘터리 취재팀도 동행했다.

그러나 현지에 도착한 뒤 베이스캠프에서 같이 등반하기로 했던 동료의 건강 상태가 느닷없이 나빠지는 바람에 시도조차 하지 못하고 끝나 버릴 상황에 처하게 된다. 많은 사람들이 만류했지만 슬라브코는 안나푸르나 남벽을 단독으로 올라가기로 한다. 계획에 없었던 위험한 등반이었지만 그는 결코 묶었던 아이젠을 벗을 수 없었던 것이다.

그런데 결국 사고가 터졌다. 해발 7,000미터 지점에서 그는 엄청난 눈사태를 맞았고, 무려 1,000미터를 추락했다. 단독 등반이라서 벌어진 사고는 아니었다. 기적적으로 목숨을 부지했지만 온몸의 뼈가 다 부서진 상황에서 그는 간신히 베이스캠프와 교신을 시도했다.

"나는 죽어가고 있다……. 모두에게 마지막 인사를 전해 주기 바란다."

베이스캠프에는 슬라브코의 친구이자 슬로베니아 국영방송의 프로듀서였던 마르예트가 스베텔Marjetka Svetel 씨가 있었다. 슬로베니아에서 만난 그녀는 나에게 그 당시의 상황을 이렇게 이야기했다.

"히운출리Hiunchuli, 해발 6,441미터, 안나푸르나 남봉과 연장선상에 있는 봉우리에서 크게 붕괴음이 들린 후 안나푸르나의 여기저기서 엄청난 눈사태들이 일어나기 시작했습니다. 그리고 슬라브코와의 무전 연락이 끊어졌지요. 무언가 큰일이 벌어졌구나 하는 직감이 들었습니다. 계속적으로 슬라브코와의 무전을 시도하다가 드디어 연결이 되었는데 평소의 목소리가 아니었습니다. 그는 눈사태를 맞아 목이 부러지는 심한 부상을 당한 상태며 손가락 하나 움직일 수 없다고 이야기했습니다. 눈을 뜰 수 없어 지금 있는 곳이 어디인지도 알 수 없다고 이야기했고요. 죽어가는 누군가와 이야기를 나눈다는 것은 굉장히 힘든 일이었습니다. 즉시 구조팀이 떠났지만 그동안 의식을 잃으면 사망할 수도 있는 일이라 계속 그와의 무전을 시도했습니다. 대답이 없어도 약 8시간 정도를 쉬지 않고 무전을 통해 이야기를 했지요. 안나푸르나에서 죽을 운명은 아니었는지 1,000미터나 추락을 하였지만 구조대는 크레바스의 끝에 걸려 있었던 그를 찾아 베이스로 데리고 내려왔습니다. 말로 표현하기 힘들 정도로 심한 부상이었고 그는 죽음보다 더한 고통에 괴로워했습니다."

나는 그 당시의 상황이 궁금해 슬로베니아 방송국의 협조 아래 당시의 필름을 열람해 보았다. 온몸에 부목을 대고 돌아온 그의 모습은 처참했다. 63빌딩 크기의 시멘트 덩어리나 다름없는 눈사태를 맞으며 1,000미터를 추락한 그의 몸은 성한 뼈가 거의 없었고 얼굴은 두 배에 가깝게 부어올라 알아볼 수가 없을 정도였다. 헬기로 카트만두의 병원까지 이송된 그에게 의사가 내린 진단은 '생존 불능'이었다. 모두가 마지막 유언이라고 생각하고 가쁘게 숨을 쉬며 이어지는 나지막한 그의 이야기에 귀를 기울였다.

솔라브코를 추억하는 마르예트가 스베텔 씨
_영화 〈우리는 그곳에 있었다〉에서

"아…… 가셔브룸 4봉…… 가셔브룸 4봉에 꼭 가야만 하는데……."

뜻밖의 이야기였다. 죽어가는 아니 죽을 수도 있었던 그 순간에 마지막으로 그가 남긴 이야기는 다름 아닌 '가셔브룸 4봉'이었다.

그리고 이후 다시 한 번 운명은 그에게 가셔브룸 4봉을 찾을 기회를 주었다. 의사의 진단을 비웃기라도 하듯 그는 살아나 슬로베니아로 돌아왔던 것이다.

그러나 슬로베니아로 돌아왔을 때 수도인 루블랴나의 병원에서

의사가 내린 진단은 '등산 불가'였다. 이때에도 친구 마르에트가 스베텔은 이것이 신의 계시일 수도 있다며 슬라브코의 등반을 만류했다. 그러나 슬라브코는 웃으며 이렇게 대답했다.

"맞아요, 신의 계시. 다시 산으로 돌아가라는……."

전 세계 최강의 산악인들을 죽음으로 몰고 간 악마의 루트에서 거대한 눈사태를 맞아 1,000미터를 추락하며 온몸이 부서진 사나이에게 내린 이 진단이 의학적으로는 100퍼센트 맞는 이야기였을 것이다. 그러나 슬라브코에게는 죽으라는 이야기와 다를 바 없었다. 이때부터의 기적은 슬라브코 자신의 몫이었다. 그는 가셔브룸 4봉으로 가야 한다는 의지와 집착을 넘어선 운명으로부터 도망가지 않았다. 히말라야를 다시 찾기 위한 몸을 단련하기 위해 최선의 노력을 다했던 것이다. 그리고 눈사태로 만신창이가 된 지 7개월 후부터 알프스 그랑드 죠라스Grandes Jorasses의 봉우리들을 최초로 단독 등반하는 기록을 만들어 내며 무려 열한 번의 크고 작은 등반에 성공한다. 그리고 드디어 이어지는 열두 번째가 그의 마지막 등반인 가셔브룸 4봉이었던 것이다.

짧게 서술했지만 슬라브코라는 산악인의 삶의 단면을 들여다보면 어느 누구라도 "당신은 왜 산에 갑니까?"라는 질문은 나오지 않을 것 같다. 그것은 마치 "당신은 왜 숨을 쉬고 살고 있습니까?", "당신은 왜 결혼을 합니까?", "당신은 왜 자손을 이으려 합니까?"처럼

가셔브룸 4봉을 배경으로 슬라브코를 찍은 사진

당연한 결론이 있음에도 불구하고 깔끔한 논술형 답안지로 제출하기 힘든 문제와 별반 다를 바 없기 때문이다.

 그가 안나푸르나에서 살아 돌아온 것은 그가 묻힐 장소가 안나푸르나가 아니라 가셔브룸 4봉이었기 때문은 아니었을까? 어쨌든 독신으로 살았던 그는 결국 평생의 연인처럼 생각했던 가셔브룸 4봉의 품에서 생의 마침표를 찍었다. 나중에 슬로베니아의 언론은 그를 '슬로베니아 사람들 중 가장 높은 곳에 묘지를 마련한 사람'이라고 표현했다. G4라는 연인을 찾아간 그는 그녀의 품에 안겼고 연인은 그를 품었다. 가셔브룸 4봉…… 그곳은 그에게 종착역이자 안식처가 되었던 것이다.

동굴의 저주

 슬로베니아 팀이 철수한 뒤 분위기가 많이 가라앉았다. 이유야 어쨌든 간에 산을 오르다 죽은 망자亡者가 묻혀 있는 산을 오른다는 것이 썩 달가운 일은 아니었던 것이다. 거기다 굶은 장사가 있을 수 있겠는가. 간당간당 떨어져 가는 식량도 큰 문제였다. 네팔 히말라야와 달리 파키스탄 히말라야 지역은 베이스캠프로부터 사람들이 거주하는 지역까지의 거리가 워낙 멀어 부족한 물자를 조달한다는 것은 애초부터 힘든 이야기였다.
 사실 이런 문제들은 2000년대까지도 대부분의 한국 원정대가 통상적으로 행하던 고전적 등반 방식인 대규모 원정대의 맹점이기도 했다. 원정의 경비도 문제려니와 물자의 양 또한 항상 대규모로 필

사진 한국 산악회 제공

🟡 카라반 장면. 위험하고 좁은 산길, 자갈 지대, 빙하 지역 등
카라반에서 만나는 길은 황량하고 험하다.

우리는
그곳에
있었다

요하기 때문에 큰 도전을 가벼운 차림으로 하는 원정에 비해 고민거리가 많을 수밖에 없었던 것이다. 물론 히말라야에서 그런 경량화 등반은 처음부터 초인적인 등반 능력이 필수조건이다. 그러나 세계적으로는 1980년대부터 초인적인 산악인들을 중심으로 차츰 무게를 줄인 등반을 해 나가고 있었다. 심지어 유학재는 1995년 G4의 베이스캠프에서 아무도 오르지 못했던 죽음의 코스를 단독으로 시도하는 슬라브코까지 만나게 되었던 것이다. 내심 자존심 때문에 내색은 하지 않았지만 유학재는 슬라브코의 단독 등반에 큰 감명을 받았고 이때의 고민은 훗날 그의 등반에 많은 영향을 미치게 된다.

그러나 아직은 대규모 원정이 주를 이루던 1995년의 G4에서 유학재는 캠프를 구축 중이었고, 베이스캠프의 조성대 대장은 고민에 싸여 있었다. 떨어져 가는 식량 때문에 머리가 아픈 상황에서 날씨까지 심상치 않게 변해 갔던 것이었다. 결국 조성대 대장은 며칠 더 날씨가 좋아지기를 기다리느냐, 아니면 정상 공격을 결행하느냐의 두 가지 선택을 빠른 시간 내에 내려야만 했다.

그러는 동안 정상으로 향하던 공격팀원들은 설사면에 텐트를 치고 캠프를 만들 장소가 없어 비박bivouac, 텐트 없이 하는 야영을 해야만 했다. 그래서 적당히 누울 자리를 만들기 위해 눈을 파내 편편한 공간을 만들어야 했는데 3미터 정도를 파내었을 때 영화 〈인디아나 존스〉의 한 장면처럼 눈앞의 눈더미들이 무너지며 뻥 뚫린 공간이 나타났다. 모두들 눈이 휘둥그레져 그 안으로 기어 들어가 보니 엄청난 공간이 있었다. 정확한 지질학적 가설을 세울 수는 없었지만 아무래도 크레바스를 옆으로 뚫고 들어간 것이 아닌가 짐작을 할 수밖에 없었다.

"야! 혹시 그 안에 보물 같은 건 없냐?"

평소 장난기가 가득한 유학재는 보물 타령과 함께 남들은 밑으로 빠지는 크레바스를 옆으로 뚫고 들어왔다면서 낄낄댔다. 〈인디아나 존스〉의 장면처럼 보물은 없었지만 모두들 쾌재를 불렀다. 이 커다란 공간은 일단 눈보라를 피할 수 있는 좋은 피신처가 되기 때문이었다. 이후 이 동굴은 정상을 향한 마지막 전초 기지가 되었다. G4의 이 루트를 등반했던 어떤 나라의 원정대 자료에서도 이 동굴은 언급된 적이 없었으니 아마도 한국 팀이 최초로 발견했던 것 같았다. 모두들 정상 등정에 대한 좋은 징조라고 생각했다.

그런데 동굴을 발견한 것은 정상까지 이어주는 구름다리와는 거리가 멀었다. 시간이 갈수록 이 동굴에서 휴식을 취한 대원들이 별

가셔브룸 4봉 등반 중에 발견한 얼음 동굴로 들어서는 한국 원정대원

다른 이유 없이 한 명씩 탈진하기 시작했던 것이다. 하산하여 다시 몸 상태를 조절하려 했지만 한번 악화된 컨디션은 좀처럼 회복되지 않았다. 영하 20도의 그 동굴 안은 온통 얼음 덩어리였고 공기가 순환되는 곳이 아니었기 때문에 대원들이 동굴 안의 산소를 소비하면 소비할수록 그 안은 지옥문이 되기 시작했다. 말하자면 극도로 산소가 모자란 냉동 창고였던 것이다.

사실 등반이 끝날 때까지도 그 동굴이 컨디션 난조의 원인이라고는 어느 누구도 생각하지 못했다. 그러나 나중에 등반 기록을 정리하며 내린 결론은 정상 등정의 주요 실패 요인 중 가장 큰 몫을 차지

한 것이 바로 그 동굴이라는 의견들이 모아졌다. 그곳을 쉼터로 결정한 것은 완벽한 판단 미스였던 것이다.

한편, 베이스캠프의 조성대 대장은 정상 공격에 대한 결단을 내려야만 했다. 남아 있는 연료, 식량 등 여러 가지 여건상 더 이상 시간을 끌 상황이 아니었던 것이다. 조성대 대장은 정상 공격에 대한 전략을 유학재 부대장에게 일임했다. 유학재 부대장이 등반에 대한 실질적인 리더였기 때문이다. 당연한 이야기이지만 일반적인 히말라야 등반에서는 마지막에 컨디션이 제일 좋은 대원들이 정상을 공격하게 된다. 그런데 유학재는 조금 다른 결론을 내렸다.

"정상 가고 싶은 놈 다 나와."

1995년 G4 원정대는 정상 등정 이외에 또 다른 목적이 있었다. 원정을 통해 히말라야 고산에서의 경험을 쌓은 후배들을 많이 만들어 그들로 하여금 차후에 시금석이 되게 하려는 것이 그것이었다. 결국 유학재까지 일곱 명이 정상을 향해 마지막 공격을 하게 되었다. 그런데 정상으로 향하던 그 상황에서 동굴의 저주가 시작되었다. 곶감 빼먹듯, 동굴에서 컨디션이 무너졌던 대원들은 전진 캠프, 캠프1, 캠프2를 거치는 동안 한 명씩 한 명씩 쓰러져 하산할 수밖에 없었던 것이다. 캠프3인 동굴에는 세 명이 올라갔는데 그중 하찬수 대원 역시 힘겨워하다가 산을 내려갈 수밖에 없게 되자 결국 정상 공격팀은 유학재, 신상만 두 명으로 급히 축소되었다. 그러나 그때까지도 컨디션 악화의 원인이 동굴에 있었다는 것을 알지 못했던 두 사람은 그곳에서 다시 하룻밤을 보냈다. 자신들도 모르는 사이 한 번 더 독배를 들이켰던 것이다.

"이제 남은 것은 가장 어려운 구간……. 언제 또 눈 폭풍이 몰아칠지 모르는 일이니 결국은 시간 싸움이다."

유학재는 수단과 방법을 가리지 않고 이 마지막 구간을 뚫어야만 한다고 생각했다. 한국 원정대가 택한 코스는 1986년에 그렉 차일드Greg Child가 이끌었던 미국 원정대가 뚫은 북서릉 루트였다. 미국 원정대는 1958년 이탈리아 원정대가 북동릉으로 등정한 이후 두 번째로 가셔브룸 4봉의 정상에 올랐는데 그들이 남긴 기록을 보면 유학재 일행이 마지막까지 오른 동굴이 위치한 곳에서부터 정상으로 이어지는 능선이 나타나는 900미터의 직각으로 선 벽이 가장 어려운 구간이었던 것이다.

산을 오르는 난이도의 정도는 세상 사람들이 생각하는 것처럼 숫자로 가늠할 수 있는 문제가 아니다. 가장 높은 산인 에베레스트가 1953년에 초등된 이래, 정상 등정자가 3,000명을 넘어설 정도로 수많은 원정대가 정상에 올랐지만 에베레스트보다 무려 900미터나 낮은 해발 7,925미터의 G4를 왜 그때까지 단 두 팀의 원정대 대원

세계에서 가장 높은 봉우리인 에베레스트(해발 8,848미터)
ⓒ Arsgera

다섯 명밖에 못 올랐는지는 너무도 뻔한 이야기일 수밖에 없다. 비록 높이는 에베레스트보다 낮지만, 등정 난이도는 에베레스트보다 높다는 이야기다.

유학재는 짧은 시간에 정상에 오르자면 최대한 짐을 줄여야 가능하다는 결론을 내렸고 배낭에서 이것저것 다 꺼내기 시작했다. 최소한의 등반 장비 외에 웬만한 것들은 동굴 한쪽에 쌓이기 시작했다. 그리고 마지막으로 침낭이 눈에 들어왔다. 그는 잠시 망설이다가 침낭마저 꺼냈다.

"상만아, 그것도 빼. 까짓것, 잠 안 자고 오르면 되지, 뭐."

무모하면서도 용감한 선택이었지만 유학재로서는 그것이 최선이자 유일한 방법이었다. 유학재는 깎아지른 카라코룸 산군 너머로 서서히 동이 터 오는 것을 바라보며 베이스캠프의 조성대 대장에게 정상 공격을 하겠다는 무전을 했다. 그리고 잠시 후, 홑이불처럼 얇아진 배낭을 메고 수직의 빙벽을 오르기 시작했다. 아득히 보이는 발토르 빙하 위로 안개가 밀려오듯 아침 햇살이 밀려들고 있었.

베이스캠프의 조성대 대장은 의외로 담담했다. 캠프3까지 올라가며 다섯 명의 대원들이 하나둘 낙오했지만 날카로운 판단력과 노련함을 갖춘 유학재와 뛰어난 등반 능력을 갖춘 신상만의 조화라면 정상 등정이 불가능할 것 같지는 않았기 때문이다. 조성대는 평소에도 유학재를 여우 같은 후배라고 생각하고 있었다. 그만큼 유학재는 임기응변에 능하고 판단이 빨랐다. 그러나 그 시나리오 안에는 두 사람이 예상하지 못했던 최악의 조건, 즉 '얼음 동굴'이라는 저주는 계산되어 있지 않았다.

1995년에 신상만 대원은 한국 원정대 가운데 가장 에너지가 넘쳤다. 그러나 그가 유학재와 함께 정상으로 향하던 그 순간만은 예외였다. 평소와 달리 그는 무척이나 힘겨워하고 있었다. 동굴 때문에 생겼던 컨디션 난조에다 극심한 고소까지 겹치면서 그는 서서히 무너지고 있었다. 다만 이미 다섯 명이나 낙오한 상황에서 유학재에게 자신까지 포기하겠다는 이야기를 할 수 없었던 것이었다. 더군다나 그 이야기를 할 시기 적절한 타이밍까지 놓쳤다. 수많은 생각이 교차했지만 별 도움이 되지 않았고 고도를 높일수록 자율신경은 생각과 다르게 움직이고 있었다.

한편 유학재는 고민하기 시작했다. 예상과 달리 신상만이 전혀 힘을 쓰지 못한 채 계속 뒤처지고 있었던 것이다. 시간을 절약하기 위하여 대부분의 짐을 버리고 왔지만 결국 속도는 나지 않았고 밤을 새우며 정상에 가겠다는 계획은 점점 물 건너가고 있는 듯했다. 그런데 그 와중에 판단력이 저하된 신상만 대원이 실수를 했다. 동굴을 출발한 다음부터 그들은 가장 빠른 등반 방식을 택했다. 후등자가 먼저 오른 선등자 위치까지 올라갔을 때부터는 반대로 후등자가 선등자가 되어 그 다음 구간까지 오르는 방법이었다. 말하자면 로프의 절반 길이만큼 선등과 후등을 계속 교대하며 오르는 것인데 이 경우, 로프를 정리하는 등의 시간을 절약할 수 있다. 그런데 잠시 휴식을 취하며 로프를 끌어올리려던 유학재는 무언가에 고정이 되어 로프가 올라오지 않는다는 것을 느꼈다. 얼음의 틈 같은 것에 끼인 것은 아닌가 하는 생각이 들었다. 그런데 로프를 올리려고 낑낑대던 그에게 신상만이 입을 열었다.

"학재 형, 제가 로프를 풀고 오는 것을 깜박한 것 같습니다."

신상만이 실수로 로프를 100미터 아래의 지점에 튼튼하게 묶어 놓은 채 올라왔던 것이었다. 두 다리에 힘이 풀렸지만 유학재는 하는 수 없이 로프를 회수하기 위해 내려갔다 와야만 했다. 차마 기진맥진해 있는 신상만에게 그 일을 시킬 수가 없었다.

"상만아, 내려갔다 올라올 동안 신발 신고 있어. 다녀오면 바로 나머지 구간 올려붙이자."

고산을 등반할 때는 이중 구조의 등산화를 신는다. 안쪽 신발은 텐트 안에서 실내화로 쓸 수 있게 되어 있고 바깥쪽 신발은 우레탄 재질로 만들어져 있다. 신상만은 동상을 방지하기 위해 휴식을 취하는 동안 발을 짓누르고 있던 바깥쪽 신발을 잠시 벗어 놓은 상태였다. 신발 끈 묶는 시간이라도 절약해서 빨리 정상을 오르기 위해 유학재는 신상만에게 자신이 로프를 회수하는 동안 신발을 신고 있

산악인이 비박을 하는 장면. 1995년 가셔브룸 4봉을 오른 한국 원정대는 혹독한 추위 속에서 침낭도 없이 비박을 했다.
ⓒ Florin Stana

으라는 지시를 한 후 아래로 내려갔다. 히말라야 등반에서 100미터 거리는 엄청난 거리다. 더군다나 이미 올라온 곳을 다시 내려갔다 와야 하다니……. 속 터질 노릇이었지만 기껏 해 보아야 투덜대는 것 이외에는 달리 더 할 수 있는 일이 없었다.

그런데 한 시간에 걸쳐 내려갔다 올라와 보니 신상만은 그때까지도 신발 끈을 제대로 묶지 못하고 있었다. 이미 정상 컨디션이 아니었던 것이다. 유학재는 어쩔 수 없이 계획을 바꿔 비박을 하기로 결정했다. 신상만의 컨디션으로 보건대 야간 등반을 감행하기에는 무리가 있다고 생각한 것이다.

그런데 산 너머 산이었다. 엉덩이조차 붙일 틈이 없는 빙벽에서 쭈그리고서라도 밤을 보내려면 손바닥만큼의 공간이라도 만들어야 하는데 얼어붙을 대로 얼어붙은 얼음벽이 만만치 않았다. 열심히 두드리며 얼음을 파내려고 했지만 결국 등반용 망치와 피켈 한 자루가 부러지고 말았다. 억지로 한 사람분의 자리를 만들고 신상만에게 자리를 내준 뒤 유학재는 10미터 정도를 더 올라가 자신의 자리를 만들기 시작했다. 도저히 동시에 두 곳의 자리를 만들 수 없는 상황이었다.

10미터 간격을 두고 대강 자리를 잡은 뒤 침낭도 없이 먼 산을 바라보며 쭈그리고 앉은 두 사람에게 해가 지면서 서서히 추위가 밀려오기 시작했다. 그리고 그 못지않게 밀려오는 것이 또 있었다. 외로움이었다. 완벽하게 인간의 세상과 차단된 히말라야 7,800미터의 고도……. 유학재는 잠시 울컥하며 외로움을 느끼고 있었다. 마치 처음부터 운명이 정해져 있었던 것처럼 이 삶 이외에 다른 길을 생각해 본 적은 없었지만 그 순간 찰나의 외로움이 '내가 지금 이곳에서 뭔 짓을 하고 있는 건가?' 하는 생각이 들게 했던 것이다. 집에서 소식을 기다리고 있을 아내와 아이들의 얼굴이 해가 넘어가는 산등성이들과 겹쳐 보이기 시작했다.

그러나 대자연의 혹독함은 인간의 나약한 감성을 그리 오래 허락하지 않았다. 해가 지기 시작하면서 생존을 위한 추위와의 싸움이 시작되었다. 유학재 역시 동굴의 저주를 받아 컨디션이 엉망인 상황이었고 체력이 바닥나기는 마찬가지였다. 다만 후배들을 이끌어야 한다는 책임감, 이번 등반의 실질적인 리더라는 위치에서 오는 정신력이 지금까지 그를 버티게 해 주고 있을 뿐이었다. 힘든 것도 마찬가지였고 추운 것도 마찬가지였다. 어차피 처음부터 침낭도 없이 히말라야 7,800미터 고도의 추위와 싸우며 잠을 청하는 것은 불가능했지만 뼛속 깊은 곳까지 얼려 버릴 기세로 몰려오는 극한의 추위는 시쳇말로 장난이 아니었다. 그래도 미친 척하며 잠시라도 눈을 붙여 보려 했지만 눈을 감고 있는 시간은 길어야 10분이었다. 그렇게 추위와 싸우며 가면假眠 상태로 졸다 깨다를 반복하는 동안 10미터 아래의 신상만이 계속 랜턴을 켜 놓은 것이 보였다.

"야, 신상만. 뭐해? 랜턴 꺼! 배터리 아껴야지."

배터리를 아껴도 시원찮을 상황인 것을 모를 리 없는 신상만이었다. 그런데 유학재의 외침에 랜턴을 껐던 상만이 잠시 뒤 다시 랜턴을 켜는 것이 보였다.

"형, 이렇게라도 하면 좀 따뜻해지지 않을까요?"

너무 춥다 보니 별의별 생각이 다 들어 그런 것일 수도 있고, 고소에서 오는 판단력 저하 때문에 그런 것일 수도 있었지만 그 이유가 무엇이던 간에 그날 밤, 그 비박 장소에서의 추위는 인간의 체력만으로는 버티기 힘든 것이었음에는 틀림없었다.

한편 베이스캠프의 조성대 대장은 유학재와 신상만이 7,800미터 지점에서 비박을 하고 있다는 무전을 들은 이후 정상 등정을 확신하고 있었다. 해가 뜬 이후 그들이 오를 나머지 구간은 완만한 경사의 능선이었고 그 코스는 그 전까지의 등반에 비한다면 그야말로 산책로 정도에 불과했다. 약간 성급한 생각이기는 했지만, 조성대 대장은 하산 후에 두 사람을 축하해 줄 파티 준비를 시작했다. 결코 그것이 미리 마시는 김칫국이라는 생각은 하지 않았다.

그런데 7,800미터에서의 상황은 조성대 대장의 예상과는 전혀 달랐다. 아침에 해가 뜬 이후에 살펴보니 신상만 대원의 상태가 이미 한계 상황을 넘어서고 있었던 것이었다. 몸을 가누지 못한 채 숨을 몰아쉬고 있던 그는 약간의 환상과 환청까지 겪고 있는 듯 보였다.

"형, 저는 여기 있을 테니까 혼자 다녀오세요."

완만한 길이 이어지는 능선까지는 딱 한 피치가 남았다. 거기만 올라서면 정상까지의 등정은 어려운 일이 아니었다. 막 해가 뜬 시간이니 시간도 충분했다. 그러나 정상에 다녀오는 동안 신상만에게 무슨 일이 벌어질지 몰랐다. 그 정도로 그는 밤새 컨디션이 악화되었고 상황이 심각해졌던 것이다.

엄청난 갈등이 밀려오기 시작했다. 거의 모든 난코스들을 해결하고 해발 7,800미터의 이곳까지 올라왔다. 그야말로 정상이 눈앞에 있었다. 잠시 뒤 유학재는 무전기를 꺼내 들고 베이스캠프로 무전을 날렸다. 갈등이 깊었지만 그가 내린 결정은 간단하고 명료했다.

"베이스캠프, 여기는 공격조."

"베이스캠프다. 이야기하라."

무전기로부터 조성대 대장의 목소리가 흘러나왔다. 정상을 오르는 중이라는 내용을 기대했는지 약간 흥분된 목소리였다.

"신상만 대원의 컨디션이 밤새 최악으로 변했습니다. 하산해야 할 것 같습니다."

무전을 들은 조성대 대장은 아무 말이 없었다. 긴 침묵이 이어졌다. 약한 눈보라가 치고 있던 능선의 완만한 라인 위로 정상 등정을 확신했던 조성대 대장의 일그러진 얼굴이 그려졌다. 왜 아무런 대답이 없는지는 짐작하고도 남았다. 유학재 역시 무전기를 든 채 자리에 앉아 더 이상 아무 말도 할 수 없었다. 그렇게 5분이 흐르고 6분이 흘렀다. 그러고도 또 침묵이 계속 이어졌다. 약 10분 정도의 시간이 흘러갔다. 짐작건대 조성대 대장은 숨겨 놓았던 담배를 꺼내 물고 벌써 몇 대째 줄담배를 피우고 있을 것이 분명했다. 그때, 특유의 짧은 파열음을 내뱉으며 무전기로부터 대장의 지시가 흘러나왔다.

"하산해!"

그런데 실상 하산이 더 어려웠다. 신상만은 이미 고소와 탈진에 무너질 대로 무너진 상황이었다. 하산을 하면서도 일일이 한 걸음 한 걸음 체크해 주어야 할 정도였다. 이때의 여파로 동상이 심해져 신상만은 귀국 후 양쪽 엄지발가락을 절단하는 수술까지 받게 되었는데 만약 정상 등정을 감행했더라면 그의 생명은 보장할 수 없었을지도 모른다. 유학재는 지금도 정상을 눈앞에 두고 돌아선 그때의 결정을 현명한 판단이었다고 생각하고 있다.

1995년, G4라 불리는 가셔브룸 4봉에서의 한국과 슬로베니아 양국 원정대 등반은 그렇게 끝이 났다. 결론만 보자면 간단했다.

'1995년 가셔브룸 4봉 한국 원정대 북서릉 루트 등반 실패'

'1995년 가셔브룸 4봉 슬로베니아 원정대 중앙 서벽 도전, 대원의

낭가파르바트
ⓒ Anthon Jackson

우리는
그곳에
있었다

사망으로 실패'

 그러나 이후의 이야기가 남아 끈질기게 이어지리라는 것을 그 당시에는 아무도 예상하지 못했다.

 신상만1966~1998. 1998년 '악마의 둥지'라고 불리는 인도 탈레이사가르Talay Sagar, 해발 6,904미터에 오르던 중 조난사할 때까지 한국 산악계에서는 그를 최강의 산악인 중 한 명으로 꼽는 데 아무도 주저하지 않을 정도의 실력파였다. 1992년 알래스카 매킨리의 아메리칸 다이렉트와 키차트나 스파이어를 등반하고, 키르기스스탄의 악수 북벽을 등반하면서 고산 등반에 테크닉을 접목하는 뛰어난 등반가로 성장해 나갔다. 그리고 1995년 가셔브룸 4봉 등반 당시 7,800미터에서 비박을 하며 걸린 심한 동상으로 엄지발가락을 절단했으나 1997년 낭가파르바트에 오름으로써 최절정의 전성기에 올랐다.

 그러나 아쉽게도 그의 그칠 줄 모르던 도전은 인도 히말라야의 탈레이사가르에서 끝을 맺는다. 그가 두 명의 산 후배들과 마지막으로 도전했던 탈레이사가르의 북벽은 세계 산악계로부터 8,000미터급 14개 봉우리보다 등정하기가 더 어려운 최악의 대상지로 인정받는 곳이다. 그러나 억지 춘향식의 최고, 최초라는 수식어와 숫자놀음만을 좋아하는 한국 산악계의 상황에서 7,000미터에도 못 미치는 산으로 가는 것은 관심 밖의 일이었다. 막노동에 가까운 생활을 하고 발가락을 절단한 후유증으로 통증에 시달리면서도 그는 등반을 준비했고, 그 대상지가 '악마의 붉은 성벽'이라는 뜻의 탈레이사가르로 정해지자 붙어 볼 만한 상대를 만난 희열에 가슴 벅차 했다.

탈레이사가르. 그곳은 거의 모든 구간이 빙벽에 매달려 자면서 올라가야 하는 곳으로, 인간이 감히 들러붙기에는 극복해야 할 공포감이 너무 커서 1979년 미국과 영국 합동 팀이 최초로 시도했을 때까지 어느 누구도 감히 오를 생각조차 못했던 곳이었다. 1998년 신상만, 최승철, 김형진 등 한국 최강의 테크니션들로 구성된 원정대는 루트 중 가장 어렵다는 블랙피라미드 구간까지 모두 돌파하고 북벽 정상을 100미터 남겨 놓은 지점까지 올라갔다. 루트 중 가장 쉬운 부분만이 남아 있었기에 99퍼센트를 끝낸 것이나 다름없었다. 그러나 하늘은 그들이 더 많은 도전을 할 클라이머로 존재하기보다는 전설로 남기를 원했던 것일까? 갑자기 정상 부근에 눈보라를 동반한 먹구름이 들이닥쳤고 불행히도 그 세 사람은 비교적 쉬운 마지막 구간만을 남겨 놓고 갑자기 불어닥친 거센 바람에 휘말렸다. 잠시 후, 서로의 몸을 한 동의 자일로 연결했던 세 사람은 공중으로 날아올랐다. 그리고 베이스캠프에서 긴장하며 망원경으로 지켜보던 동료들은 구름이 지나간 그 자리에서 아무것도 발견할 수 없었다. 결국 그들은 1,300여 미터를 추락하며 사망하고 말았던 것이다.

그들의 탈레이사가르 등반은 정상에 서지 못했음에도 불구하고

© silver-john

아직까지 산악 역사에 전설로 남아 있다. 1995년 가셔브룸 4봉 한국 원정대의 일원이었던 산악인 신상만, 그는 현재 자신이 젊은 시절을 보냈던 대둔산에 혼(魂)이 되어 남아 있다. 그는 산악계라는 중원 무림에서 전설로 남은 또 한 명의 협객이 되었던 것이다.

'빛나는 벽'의 사나이들

카라코룸 최초의 입성자, 윌리엄 마틴 콘웨이

파키스탄 히말라야를 중심으로 한 카라코룸 일대의 선구자는 영국의 예술 비평가이자 산악인이었던 윌리엄 마틴 콘웨이 경Sir Willlam Martin Conway, 1856~1937이었다. 그는 1892년 인도 캐시미르 북쪽의 미답 지역과 거봉巨峰들을 탐험하기 위해 카라코룸으로 첫 히말라야 원정을 떠났다. 그 원정을 통하여 그의 원정대는 빙하들을 측량하고 그 일대의 지도들을 제작했는데, 이것은 훗날 많은 산악인들의 좋은 길잡이 노릇을 해 주었다.

또한 수많은 이름 없는 봉우리들에 이름을 붙이는 작명 실력을 발휘하기도 했는데 현재의 무즈타그 타워Muztagh Tower, 해발 7,284미

윌리엄 마틴 콘웨이

터, 브로드 피크Broad Peak, 해발 8,047미터, 히든 피크Hidden Peak, 해발 8,068미터 등이 그것들이다. 저녁노을에 빛나고 있던 가셔브룸 4봉의 서벽도 이때 마틴 콘웨이로부터 '빛나는 벽'이라는 아름다운 이름을 선사받는다.

G4, 북동 능선을 통한 최초의 등정

마틴 콘웨이가 다녀간 후 이 아름다운 산, 가셔브룸 4봉은 오랫동안 등반가들에게 미지의 봉우리로 남아 있었다. 그러던 중 이 산 정상에 최초의 발자국을 찍는 사람들이 나타났다. 1958년 리카르도 카신Riccardo Cassin이 이끈 이탈리어 원정대의 월터 보내티Walter Bonatti와 칼로 마우리Carlo Mauri가 북동 레지ledge, 산악 용어로서 절벽에서 선반처럼 툭 튀어나온 바위를 일컫는다를 통해 정상을 밟음으로써 최초의 등정자가 되었던 것이다.

그러나 그 후 20년이 지나 1978년부터 1984년까지 많은 팀들이 이 산의 정상에 도전했으나 별다른 성과 없이 모두 실패로 끝나고 말았다. 결국 가셔브룸 4봉은 30년 가까이 아무도 정상을 오르지 못하는 험난한 산으로 남게 된다.

북서릉을 통한 28년 만의 두 번째 등정

1986년, 미국인 등반가 그렉 차일드는 자신이 리더가 되어 미국, 호주 합동의 G4 등반대를 조직한다. 그들의 도전 루트는 북서릉이었다.

그해 날씨는 최악이었다. 5월 17일 베이스캠프를 구축한 후 거의 한 달 내내 6일을 빼고 매일같이 눈이 내렸던 것이다. 1차 시도는 실패였다. 6월 10일, 그렉 차일드와 톰 하기스Tom Hargis, 팀 매커트니 스네이프Tim Mcartney Snape는 강풍을 뚫고 올라가 6,950미터 지점에 다섯 시간 동안 설동을 판 후, 캠프3를 설치했으나 무시무시한 눈폭풍에 3일 동안 갇혀 지내다 간신히 베이스캠프로 탈출했다.

그들은 2차 시도를 통해 눈사태를 맞으며 해발 7,750미터까지 진출한 뒤 추위와 싸우며 하루를 견뎠다. 그리고 드디어 다음 날 아침 10시, 그렉 차일드, 톰 하기스, 팀 매커트니 스네이프 세 사람은 보내티 원정대 이후 28년 만에 처음으로 G4의 정상에 올라설 수 있었다. 1995년 한국 원정대가 택한 루트는 1986년에 이들이 개척한 루트였다.

G4 서벽 최초의 도전

수많은 도전과 실패의 역사를 딛고 1958년 이탈리어 원정대의 초등이 있었지만 야심만만한 등반가들을 유혹하는 것은 아무래도 초등 루트인 북동릉이 아닌 무시무시한 서벽 루트였다. 서벽 코스에서 최초의 등반 시도가 이루어졌던 것은 1985년이었다. 폴란드의 보이텍 쿠르티카Wojciech Voytek Kurtyka와 오스트리아의 로버트 샤우어Robert Schauer는 7월 13일부터 20일간 서벽에서 사투를 벌이며 히말라야 등반 역사의 한 페이지를 장식한다.

더군다나 그들은 셰르파의 도움이나 산소, 고정 로프를 사용하지 않고 본인이 등반 내내 필요한 모든 식량과 장비들을 휴대한 채 오르는 알파인 스타일로 이 서벽에 도전했다. 8,000미터 급 14개 봉우리를 최초로 올랐던 명실상부 세계 최고의 철인 라인홀트 메스너와 피터 하벨라Peter Habler가 1975년 가셔브룸 1봉을 알파인 스타일로 올랐는데, 이때부터 고산에서의 등반 스타일에 변화가 일어나기 시작했다. 알파인 스타일은 거의 죽음을 각오해야만 행할 수 있는 방식이라서 당시에는 너무 혹독하며 비현실적이라는 이야기가 나올 만큼 극한의 등정 스타일이었다. 이후 알파인 스타일을 표방하며 큰소리를 치고 도전했던 서양의 등반가들도 은근슬쩍 고정 로프, 사다리, 산소를 쓰며 고개를 숙이는 상황들도 비일비재했다. 그만큼 알파인 스타일은 아무나 할 수 있는 것이 아니었다. 적어도 무림 10갑자 이상의 최고수들만 실현 가능한 무공이라는 이야기다.

어쨌든 보이텍 쿠르티카와 로버트 샤우어는 최고의 무공을 펼치며 G4의 서벽을 가로질렀고 드디어 정상을 눈앞에 둔 7,800미터 지점까지 오른다. 1958년 이탈리어 팀이 등정한 이후 그야말로 30여 년이 가까운 세월이 흘러 두 번째로 정상에 오르는 영광을 눈앞에 두었던 것이다. G4의 정상이 그들의 손에 잡힐 듯했다. 그러나 운은 거기까지였다. 그들은 엄청난 폭풍우를 만났고 얇은 비박 색을 뒤집어쓴 채, 이틀 밤을 뜬 눈으로 지새워야만 했다. 주위에서 끊임없이 쏟아지는 눈사태에 쓸려 내려가지 않으려면 죽을힘을 다해 버티는 것 이외에 할 수 있는 것이 없었다.

눈앞에는 정상까지의 쉬운 능선 부분만이 남아 있었지만 그들에게는 생존이 훨씬 더 다급한 문제였다. 결국 그들은 눈앞의 정상을 포기하고 생환을 위해 하산을 결정했지만 그것 역시 만만치 않았다. 등반이 예상 외로 길어져 이미 연료와 식량은 바닥이 났고 그 바람에 인간으로서는 넘기 힘든 최악의 상황에까지 처하게 되었다. 그 다음부터는 지옥이었다. 하산하는 데 소요된 11일 가운데 4일 동안은 물과 식량도 없이 쏟아지는 졸음, 시도 때도 없이 들려오는 환청과 싸우며 살아남기 위한 극한의 몸부림을 쳐야만 했다.

비록 정상 등정에는 실패했지만, 그들의 등반은 1980년대에 가장 의미 있고 뛰어났던 등반으로 인정받고 있다.

중앙 서벽의 연이은 실패

엄청난 위압감을 주는 중앙 서벽은 감히 시도하는 것조차 힘들어 보였다. 그러나 시간이 흐르고 등반 기술이 발전하면서 중앙 서벽을 오르려는 시도가 드디어 시작되었다. 1978년, 영국 원정대가 그 계획을 가지고 최초로 올라갔으나 도저히 자신이 없었는지 시도하자마자 북서릉으로 방향을 바꾸었다. 그야말로 시도로만 그친 등반이었다.

1981년, 일본 원정대가 도전했지만 6,200미터 지점에서 눈 처마가 무너지며 코이치 타케베, 히로유키 시라사와, 히로카쥬 니시오카 등 세 명의 대원이 목숨을 잃고 두 명의 대원이 부상을 당한 채 철수하는 비극을 맞는다.

1982년에 또 다른 일본 팀이 시도했지만 일 년 전의 일본 원정대보다 300미터를 더 오른 6,500미터 지점까지 오르는 데 그쳤다.

1983년의 미국 팀은 미국 원정팀 사상 가장 강력한 팀이었다. 중심 멤버였던 마이클 케네디Michael Kennedy와 먹스 스텀프Mugs Stump, 1992년 알래스카 매킨리에서 사망가 혼신의 힘을 다해 일본 원정대가 뚫지 못했던 지점을 통과하고 6,900미터 지점까지 진출했다. 그러나 블랙 타워Black Tower라고 불리는 가장 어려운 지점을 통과하지 못하고 하산해야만 했다. 당대의 일류급이었던 자신들의 자존심 때문이었는지 하산 후 그들은 '중앙 서벽은 인간이 올라갈 수 없는 루트'

라고 결론을 내렸다.

　1995년, 슬로베니아의 슬라브코 스베티취치가 이 난공불락의 중앙 서벽에 알파인 스타일의 단독 등반으로 도전장을 내밀었으나 기상 악화로 베이스캠프와 연락이 두절된 뒤 실종되었다.

알프스 산맥에서 가장 높은 봉우리인 몽블랑(Mont Blanc, 해발 4,807미터)
ⓒ Evgeniya Moroz

알프스 산맥의 마테호른(Matterhorn, 해발 4,478미터)
ⓒ Alex Ivanov

히말라야의 로체(Lhotse, 해발 8,516미터)
ⓒ Arsgera

PART
2

1997년
한국 원정대의 가셔브룸 4봉 두 번째 도전

사람이
아름다운 이유

'인간으로서는 불가능'한 가셔브룸 4봉의 중앙 서벽 루트에 세계 최초로 길을 내고자 했던 한국 원정대의 도전은 시작부터 환영받지 못했다. 오로지 해발 고도로만 업적을 평가하는 한국 산악계의 풍토 속에서 8,000미터가 안 되는 봉우리에 도전한다는 것은 아무런 뉴스거리가 되지 못했다. 하지만 그들은 누군가로부터 인정받기 위해 산을 오른 것이 아니었다. 그들이 증명해 보여야 할 대상은 오로지 그들 자신뿐이었다.

너희가 정상 올라가면
파리도 새다

산악인이라는 사실을 떠나 조성대를 다시 그곳으로 이끈 힘은 가셔브룸 4봉이 가지고 있는 무한한 아름다움 때문이었다. 평소에도 그는 가셔브룸 4봉 이야기를 꺼낼 때마다 아름다웠던 옛사랑을 회상하듯 가슴 설레어 했다. 조성대는 엄격함과 섬세함, 두 가지를 모두 갖춘 사람이었다. 후배들에게는 정확한 판단과 계산을 지닌 결코 편하지만은 않은 선배였지만 상식에 어긋나는 적이 없었고 엄격하게 행동할 때도 딱 필요한 만큼의 선을 넘지 않았다. 그러면서도 한편으로는 덩치에 어울리지 않게 소년 시절의 감성을 여전히 유지하고 있었던 이상주의자이기도 했다.

반면에 유학재는 후배들에게 한없이 편한 선배였다. 대개의 경우, 나이가 차면서 권위 의식을 가지게 마련인 세상 사람들과 달리 그의 흰머리와 함께 더욱 늘어 가는 것은 유머 감각이었다. 선배들이나 동년배들 중에는 그러한 그의 이미지를 두고 불편해 하거나 불만을 드러내는 사람들도 있었다. 아마도 그것은 상하 규율이 엄격한 산악계에서 약간은 이단적인 그로 인해 자신들의 존재감까지 위협을 받게 되지는 않을까 하는 우려 아닌 우려 때문일 것이다. 그러나 그런 그를 우습기만 한 선배로 보는 후배들은 아무도 없었다. 유학재라는 산악인은 후배들에게 언제까지나 등반 잘하는 친형 같은 존재였다.

겉으로 보기에는 뫼비우스의 띠처럼 전혀 만날 일이 없고 소수점 이하의 공통분모가 없어 보이는 두 사람, 조성대와 유학재는 그럼에도 불구하고 의외로 죽이 잘 맞았다. 스포츠 팀의 감독과 주장, 대표이사와 영업이사, 설계자와 엔지니어…… 두 사람은 하나라도 없으면 돌아가지 않는 톱니바퀴 같은 관계였다.

그래서였는지 국내로 돌아온 조성대와 유학재는 얼마 지나지 않아 누가 먼저랄 것도 없이 가셔브룸 4봉에 다시 도전장을 내미는 작업을 시작했다. 사실 재도전에 대해 누가 먼저 이야기를 꺼냈는지는 당사자들도 기억하지 못한다. 누가 먼저 이야기를 꺼냈는지는 중요한 일이 아니었다. 이심전심으로 다시 그곳으로 가야만 한다는 무언의 합의가 이루어졌을 뿐이었다. 물론 실력이 모자라 정상에 오르지 못한 것이 아니라는 약간은 억울하고 분한 마음도 있었을 것이다. 그러나 그들은 초심으로 돌아가 처음부터 다시 시작하기로 했다.

2년 후인 1997년이 가셔브룸 4봉에 다시 도전하는 시기로 정해졌다. 원정대의 새로운 멤버를 결성할 때에도 두 사람은 의견 충돌이 거의 없었다. 일단은 원하는 만큼의 결과를 내지 못했던 원정 실패 원인부터 찾기로 했다.

1차 원정 때의 멤버들은 경험이 많은 뛰어난 실력자들로 구성되었다. 유학재는 같은 나이대의 멤버들이 너무 많았던 것을 일차적인 실패 요인으로 지적했다. 같은 나이대의 친한 동료들, 즉 동기들이 너무 많다 보니 정리되지 않은 생각들과 이야기가 필요 이상으로 오갔던 것이다. 이 과정에서 원정대장 조성대와 등반대장 유학재만 몰랐던 그들 사이의 결론이 이미 있었고, 의욕과 열정이 식는 바람에 그들은 실력의 최대치를 뽑아내지 못했던 것이다. 뜻하지 않게 1차 원정대에서의 왕따는 조성대와 유학재, 두 사람이었다.

물론 동굴을 캠프로 잡은 것도 큰 실수였다. 그 얼음 동굴은 산소를 빨아먹는 냉동 창고와 다름없었던 것이다. 보물은 없냐면서 둘러보던 당시가 생각나 유학재는 피식 쓴웃음을 지었다. 그렇게 두 사람이 머리를 맞대고 난 후 몇 가지 원칙을 세웠다.

1. 나이대가 같은 동기들은 두 명 이상 선발하지 않는다.
2. 경험과 실력보다는 화합을 원칙으로 하면서 즐기는 등반을 할 수 있는 대원을 위주로 선발한다.
3. 향후 한국 산악계를 끌고 갈 루키들을 위주로 뽑는다.
4. 각 시도 지부의 추천을 받아 골고루 선발한다.

그렇게 해서 조성대와 유학재를 제외한 10명의 대원이 선발되었다. 대원의 절반 이상이 히말라야 고봉 원정이 처음인 초짜들이었다.

기록	허긍열(32세)
회계	황영순(29세)
식량	문상호(29세)
수송	김동관(28세)
의료/통신	방정호(28세)
수송	신동철(27세)
장비	황기룡(27세)
장비	최병기(26세)
식량	우찬성(26세)
촬영	정재학(36세)

그런데 어느 날 대폿집에서 술잔을 기울이던 유학재가 조성대에게 재도전 루트를 중앙 서벽으로 바꾸자고 제안했다. 사실 조성대는 1995년에도 유학재와 가셔브룸 4봉을 바라보며 중앙 서벽 등반에 대해 이야기를 나눈 적이 있었다. 다만 실제 등반을 리드해야만 하는 유학재에게 너무 큰 짐을 지우는 것은 아닌가 하는 부담 때문에 미리 이야기를 꺼내지 못하고 있었던 것뿐이었다. 평소처럼 조성대는 별 이야기 없이 씩 웃으며 유학재의 제안에 공감했다. 그렇게 '닭발'과 '개고기'는 다시 한 번 의기투합하며 술잔을 부딪쳤다. 입맛을 다시다가 유학재가 낄낄대며 한마디를 보탰다.

"잘한 결정이에요, 성대 형. 그래야 못 올라가도 덜 쪽 팔릴 거 아니에요."

유학재가 중앙 서벽을 오르자는 제안을 한 것은 사실 1995년 원정 당시 실종된 슬라브코의 영향이 컸다. 슬라브코의 실력이 자신보다 한 수 위였던 것은 인정하지만 혼자서도 시도한 일을 인원이 많은 우리가 못할 것도 없지 않느냐는 생각이 들었던 것이었다.

"이번에는 식량에서 오징어 빼."

1995년에 원정대 식량을 준비하며 유학재는 자신이 너무도 좋아하는 오징어를 1,000마리나 집어넣었다가 대장에게 걸렸다.

"형, 그것 제 돈으로 산 거예요."

"야, 그건 항공료 안 들어가고 포터 비용 안 들어가?"

"하긴, 오징어만 25킬로그램이니 포터 한 명 더 쓰긴 써야겠네요. 알았어요. 오징어 끊을게요."

"몇 마리만 가져가."

그러나 중앙 서벽을 오르겠다는 이들의 지극히 감성적인 이 결정은 상식적으로 본다면 그야말로 웃기는 이야기였다. 1986년에 미국 원정대가 낸 루트로도 오르지 못했던 한국 원정대가 더 어려운 루트, 아니 불가능한 루트라고 결론이 내려진 길을 개척하며 오르겠다는 것은 취중 객기 정도로 들릴 이야기였던 것이다.

거기다가 이번에는 1995년의 대원들처럼 고산 등반 경험이 많았던 대원들이 아닌 초짜들이 대부분이었다. 주위에서는 "너희가 정상 올라가면 파리도 새다"라는 식으로 객기 부리지 말라는 분위기가 팽배해 있었다. 심지어는 몇 명 초상 치르게 하지 말고 정신 차리라는 조소 섞인 이야기까지 들려왔다.

남들이 뭐라 하던 큰 상관이 없었지만 문제는 원정에 소요되는 적지 않은 경비였다. 1995년 원정은 1945년에 창립된 한국산악회 50주년 기념행사의 기획 중 하나였다. 관심도 쏟아졌고 계획된 지원도 있었기에 어려움이 덜했다. 그러나 시작도 하기 전에 낙인부터 찍혀 버린 1997년의 원정대를 위해 지원해 줄 손길은 없었다. 원정대가 소속된 한국산악회 내에서조차 격려를 하거나 지원에 나서는 이가 별로 없었던 것이다. 산악계에서는 너희 실력으로 가서 브룸 4봉 중앙 서벽에 도전하는 것 자체가 웃기는 짬뽕이라는 분위기였고 8,000미터가 안 되는 산은 산도 아니라는 사회 분위기를 만들어 놓은 매스컴의 활약 덕분에 도전 준비는 시작부터 커다란 벽에 부딪쳤다.

사무실로 돌아온 조성대는 책상 앞에 앉아 원정에 소요될 명세서를 꺼내 들었다. 왼편에서 세로로 항목들이 빼곡하게 적혀 있었다. 수천만 원이 소요되는 해당 국가의 입산료를 비롯하여 장비와 식량, 운송비, 훈련비, 항공료, 현지 교통비, 숙박비……. 항목이 끝나지 않을 것 같은 명세서는 다음 페이지로 넘어갔다. 현지 정부 연락관, 포터들, 쿡 등의 인건비와 지급 장비들…… 머리가 조금 아파 왔다.

"빌어먹을! 좋다, 내가 해결한다."

조성대 대장은 다음 날부터 다시 한 번 뛰어다녔다. 생색낸 적도 없었지만 어차피 1995년 원정 때의 살림도 많은 부분은 조성대의 노력으로 이루어진 것이었다. 자신을 믿고 열심히 훈련 중인 후배들을 생각하자면 그 정도의 발품은 당연하다고 생각했다. 자신이 근무했던 항공사부터 사업체를 경영하는 선배들을 찾아다니며 후원을 요청했고 산 친구들이 근무하는 아웃도어 업체들을 찾아가 장비 협찬을 부탁했다. 그러는 동안 조금씩 선후배들로부터 찬조금이 들어왔고 그러한 그들의 정성은 지친 조성대의 기운을 북돋우는 활

력소가 되었다. 결국 발바닥이 닳도록 돌아다닌 덕분에 통신사, 정부 기관인 공사 한 군데, 국내 유수의 아웃도어 업체, 필름 회사, 또 몇 개의 사업체 등으로부터 지원을 받을 수 있었고, 규모가 작은 여섯 개의 업체들로부터는 물품 지원을, 지인 30여 명으로부터는 후원금을 지원받을 수 있었다. 어떤 이들은 자신들의 개인 장비들을 건네주기도 했다. 눈물 나도록 고마운 후원이었다.

한편 유학재는 선발된 9명의 대원들을 중심으로 훈련에 들어갔다. 유학재가 중점으로 삼은 것은 산을 오르는 테크닉이 아니라 생존법들이었다. 오르는 것 이상으로 중요한 것이 살아 돌아오는 것이라는 그의 철학이 중요한 작용점이 되었던 것이다. 그런 이유 때문에 고산 등반 경험이 많았던 그는 훈련의 모든 상황을 가장 혹독한 환경으로 설정해서 진행했다. 설악산을 비롯하여 험한 산중에서 펼쳐진 훈련들은 초짜 대원들에게는 생소할 수밖에 없었다.

이를테면 새벽 4시에 대원들을 깨워 이동을 시킨다거나 평상시에 느닷없이 모든 짐을 챙겨서 움직이도록 하는 훈련들이었다. 그리고 그러한 훈련은 최대 몇 분 안에 끝나야만 했다. 처음에 대원들은 이유도 모른 채 우왕좌왕했지만, 그들은 그러한 훈련이 예측할 수 없는 히말라야의 혹독한 환경, 즉 눈사태나 눈 폭풍처럼 순식간에 목숨을 앗아갈 수 있는 상황에 대비한 훈련이라는 것을 곧 알게 되었다.

　비박도 가장 매서운 추위가 몰아치는 날만 골라서 실시했다. 어떤 날은 침낭도 없이 매서운 칼바람이 부는 눈 덮인 산중에서 밤을 지새워야 했다. 비박을 하더라도 당연히 침낭 정도는 덮고 자는 것으로 알고 있었던 선발 대원들은 처음 경험하는 생존 훈련이 힘에 겨웠지만 아무도 불평하지 않았다. 어쩌면 처음 도전하는 히말라야 원정은 으레 그런 것이려니 하며 당연한 것으로 받아들였는지도 모른다.

　유학재는 그 모든 훈련들을 대원들과 똑같이 실행했다. 아무리 선배고 등반대장이라도 훈련소의 조교처럼 침 튀기고 목소리만 높였더라면 후배들도 그렇게 잘 따라 주지는 않았을 것이다.

　그렇게 지옥 같은 상황만 주어졌던 실질적인 훈련을 거치는 동안 그들은 더욱 단단해지고 자신감이 붙어 갔다. 주위에서는 대부분의 대원이 첫 해외 원정에 나서는 그들을 두고 초짜들이 객기 부리는 정도로만 생각하고 있었지만 그들은 이미 출국 전에 루키Rookie의 때를 벗었던 것이다.

　그야말로 어렵사리 원정 경비가 만들어졌고 출발이 눈앞으로 다가오고 있었다. 이런저런 준비가 끝나 갈 무렵 조성대는 1995년 슬로베니아 원정팀의 리더였던 토마스 대장에게 다시 한 번 가셔브룸 4봉 원정을 떠난다는 연락을 했다. 조성대의 입장에서는 희한하게도 슬로베니아 팀에 마음이 쓰이고 애착이 갔다. 그것 때문이었는지, 그동안 조성대와 토마스 대장은 각자의 자리로 돌아간 뒤에도 서로에게 빈번하게 연락을 주고받고 있었다. 그래서 조성대 대장은 1995년 당시 토마스 대장이 본국으로 귀국한 뒤 한동안 슬라브코의 죽음이 공식적으로 확인되지 않아 경찰의 조사도 받았으며 사망이 아닌 실종 처리가 되었다는 당시의 소소한 내용까지 알고 있었다. 토마스 대장은 조성대를 슬로베니아로 초청하고 싶어 했다. 하지만 조성대 대장은 일정 등 여러 가지 문제로 동유럽의 작은 나라에 방문하는 것이 여의치 않았다. 다만 이번 가셔브룸 4봉 원정이 끝나면 한번 방문을 해야겠다고 생각하고 있던 터였다. 국적은 다르지만 단순히 산을 올랐다는 공통점 이외에 두 사람은 서로에게 끌리는 점이 있었고, 그래서 옛 친구와 재회하듯 한 번은 다시 만나고 싶다는 간절함이 있었던 것이다. 그러나 결국 아쉽게도 조성대가 2012년 8월 키르기스스탄에서 사망할 때까지 두 사람의 재회는 끝내 이루어지지 않았다.

히말라야의
'로버트 콘웨이'들

　제임스 힐튼James Hilton, 1900~1954이 1933년에 쓴 소설 『잃어버린 지평선[Lost Horizon]』에서 주인공 로버트 콘웨이Robert Conway는 비행기 사고로 불시착한 히말라야에서 세상에 알려지지 않은 이상향의 도시에 안착하게 된다. 탐욕과 증오가 없는 그곳은 장족藏族의 언어로 '마음의 해와 달'이라는 뜻의 '샹그릴라Shangri-La'였다. 주인공은 후일 속세를 잊지 못하고 문명 세계로 돌아오게 되지만 결국 그것이 평생의 실수였다는 것을 깨닫고 다시 히말라야로 돌아가 평생 '샹그릴라'를 찾아 헤맨다.

　1924년, 에베레스트를 오르다 실종된 산악인 조지 맬로리George Mallory를 모델로 6주 만에 썼다는 후일담도 있는 이 소설은 1938년

1921년 에베레스트 등정에 나섰던 당시의 조지 맬로리.
윗줄 오른쪽 끝이 조지 맬로리다.

프랭크 카프라Frank Capra 감독에 의해 영화화되며 커다란 반향을 일으킨다. 아마도 많은 사람들이 이 소설에 관심을 가지게 되었던 것은 너무 나이 먹어 버린 '어린 왕자'가 된 자신들의 잃어버린 꿈에 대한 이야기이기 때문은 아니었을까?

1988년 가셔브룸 4봉을 한 번 본 뒤로 그곳을 잊지 못해 안나푸르나 남벽에서 당한 엄청난 부상을 극복하고 히말라야로 향했던 슬라브코, 그리고 1995년 가셔브룸 4봉에 오르지는 못했으나 그 아름다움에 매료되어 다시 그곳을 향해 간 조성대와 유학재. 그들은 샹그릴라를 찾아가는 『잃어버린 지평선』의 '로버트 콘웨이'들이었다.

우리는
그곳에
있었다

1997년 5월 11일, 그렇게 또 다른 의미의 샹그릴라를 찾아가는 그들만의 행보가 시작되었다. 파키스탄의 수도 이슬라마바드에 도착한 원정대는 관광성에서 브리핑을 마치고 이틀 만에 목적지를 향해 출발하는 발 빠른 움직임을 보였다. 이미 일주일 전에 선발대를 보내 항공 화물의 통관, 차량 수배, 입산에 대한 행정 업무, 정부 연락관 접촉 등의 절차를 다 마쳤기에 가능한 일이었다. 고산에 위치한 국가가 대개 그렇듯, 그런 종류의 일들은 세월아 네월아 하는 식으로 느려 터지는 것이 다반사였다. 일련의 행정 업무로 시간을 끌게 된다면 이슬라마바드에서 숙박을 해야 될 것은 자명한 일이고 때문에 출발하기도 전에 이미 지쳐서 컨디션 조절에 실패할 수도 있는 것이다. 더군다나 파키스탄 히말라야의 경우 K2, 낭가파르바트, 가셔브룸 등 8,000미터 급의 고봉들이 위치한 카라코룸 산군까지 접근하려면 엄청난 시간이 걸린다. 근세사에서 이 지역의 산군들이 네팔 히말라야와 달리 세상에 늦게 알려지게 된 것도 인간 세상과 너무 멀리 떨어져 접근이 힘들다는 이유 때문이었다. 베이스 캠프가 너무 멀었다.

　조성대 대장은 미미해 보이지만 도전 여정에 악영향을 미칠 수 있는 이런 부분들까지 섬세하게 계산에 넣어 두고 있었다. 덕분에 일정은 그의 계산대로 발 빠르게 진행되었다. 5월 13일, 원정대를 태운 두 대의 전세 버스는 밤새워 쉬지 않고 달렸다. 그 옛날 당나

길기트 강. 지금은 트레킹 코스가 발달되어 있다.
ⓒ Patrick Poendl

라의 고구려 유민 출신 장수 고선지가 진격했다는 길기트Gilgit 강은 쉼 없이 흐르고 있었고 그 계곡을 따라 이어지는 길은 결코 졸음을 청할 수 없는 위험천만한 도로였다. 원정대는 중간 지점인 길기트에서 쉬었다가 갈 수도 있었지만 잠시 기지개만 켠 뒤 8시간을 더 달려 5월 14일 밤 출발지인 이슬라마바드에서 800킬로미터 정도 떨어진 스카르두Skardu에 도착했다. 꼬박 24시간을 달려서 이틀 거리를 하루로 줄인 것이었다.

스카르두에서 실질적인 카라반이 시작되는 아스콜레Askole까지는 지프차로 9시간 정도 걸리는데 이곳에서 포터들을 구해 카라반을 시작한다. 이곳부터 인더스 강을 따라 이어지는 도로는 옛 실크로드 길이다. 그 오랜 역사의 길을 달리며 당연히 감동을 받을 만하지만 동시에 생명의 위협도 느껴야 한다. 깎아지른 대협곡의 산허리를 뱀처럼 돌아가는 이 길은 쳐다보기만 해도 현기증이 날 정도인데 도로의 폭이 좁아 협곡으로 차가 추락하는 사고가 자주 일어나기도 하는 것이다. 산사태로 도로가 끊겨 있기 일쑤였고 중간 중간 나무로 바닥을 만든 다리들은 노인들의 치아처럼 듬성듬성 이가 빠져 있었다. 일꾼들이 메워 주는 나무 조각 위로 조심스럽게 차들이 지나갔지만 빠진 이 사이로 요동치는 회색빛 강물이 시야에 들어오면 오금이 저릴 수밖에 없었다.

유학재는 해외 원정에 처음 나선 긴장한 후배 대원들에게 특유의 난해한 유머를 펼치며 평소처럼 낄낄거렸다. 그러나 정작 속내를 감추며 가장 긴장하고 있던 사람은 유학재 본인이었다. 2년 전에 달렸던 똑같은 길…… 2년 전에 올랐던 똑같은 산…… 그러나 그에게 똑같은 것은 아무것도 없었다.

20세기 초반부터 험난한 히말라야를 누가 먼저 오르는가 하는 문제는 열강들 사이에서 국력을 상징하는 중요한 척도였다. 마치 오늘날 달나라에 누가 먼저 인간을 보내는가 혹은 화성에 탐사선을 누가 먼저 착륙시키는가 하는 것과 같은 문제였던 것이다.

이슬라마바드에 도착하여 카라반에 나선 1997년 원정 대원들. 공항에서 가셔브룸 4봉의 베이스캠프까지 가는 데만도 보통 보름이 걸린다.
_영화 〈우리는 그곳에 있었다〉에서

1852년, 에베레스트가 세계 최고봉이라는 측량 결과가 나온 이후 영국은 1922년 최초의 원정대를 보내며 출사표를 던졌다. 그리고 1950년, 안나푸르나를 프랑스 원정대가 올라 최초의 8,000미터 급 등정 성공에 불을 붙인 이후 1953년에 최고봉 에베레스트 정상에도 인간의 발자국이 남겨졌다. 한국은 6·25 한국전쟁을 겪고 나라 전체가 전쟁의 상처로 폐허가 된 시기였다.

  이후에 8,000미터 급 14개의 모든 봉우리와 험난한 7,000미터 급 봉우리가 차례로 최초 등정되었다. 이탈리어의 라인홀트 메스너는 1970년에 낭가파르바트를 시작으로 1986년 로체에 오를 때까지 16년 동안 8,000미터 급 14개 봉우리를 모두 등정함으로써 과학자들이 불가능하다고 단언했던, 한 사람에 의한 8,000미터 급 14개 봉우리에 최초로 등정하는 업적을 이루었다. 그는 14개 봉우리에 등정을 시도하는 동안 에베레스트를 무산소로 올랐고 혹독한 알파인 스타일을 추구했다. 그의 등반이 더욱 위대했던 것은 어떤 지역색도 없었고 어떤 상업적 목적도 배합되기를 거부했다는 점이었다.

  내가 산을 오르는 것은 원정대를 위한 것도 아니고 나라를 위한 것도 아니었다. 그것은 오로지 나 자신을 위한 것이었다. 이 손수건이 나의 국기다.

우리는
그곳에
있었다

> 누가 먼저 오르느냐보다 중요한 것은 산에 오르는 방법이다.
> 나는 움직이는 광고판이 되는 것을 거부한다.
>
> _라인홀트 메스너

어느 누가 먼저인가를 따지기는 힘들지만 메스너의 이런 원초적인 시도는 이후에 히말라야 등반 방식을 많이 바꾸었다. 사실 히말라야 등반에 있어서 가장 뛰어났던 등반가들을 이야기하자면 빼놓을 수 없는 것이 네팔의 고산족, 셰르파들이다. 이미 태어날 때부터 해발 4,000미터 이상의 고지에 적응해 있고 뛰어난 체력을 가진 그들을 서양인들은 수단과 방법 가리지 않고 정상에 올라야 할 필요가 있었던 20세기 초반부터 돈을 쥐어 주고 앞장 세웠다. 심지어는 셰르파 족이 없는 파키스탄 히말라야 지역을 등반해야 할 경우 네팔에서 그들을 공수해 오는 촌극까지 빚었다. 생명이라는 담보와 절체절명이라는 위험 요소는 셰르파들에게 안긴 채 그들이 잘 닦아 놓은 길을 올랐지만 돈을 받고 올랐다는 이유로 등정자의 명예에서 그들 이름을 삭제하는 얄팍한 이중 잣대도 적용되었다. 진정한 등반의 가치를 따지기 시작한 시기부터는 셰르파를 고용해서 등반한 것이냐 아니냐 하는 문제가 논쟁거리가 되었을 정도이니 그들의 기여도가 어느 정도인지는 두말할 필요조차 없을 것이다.

사진 한국 산악회 제공

카라반을 돕는 현지 포터들.

우리는
그곳에
있었다

　　대규모 원정대에 소요되는 막대한 비용은 그 원정이 국가적인 사업이거나 상업적 효과를 노리는 기업과 언론, 방송 매체들의 손익계산이 맞아떨어지는 때에만 조달할 수 있다. 하지만 그것은 보기 좋은 떡이거나 속이 빈 공갈빵일 가능성이 크다. 그렇게 억지 춘향식의 원정이 꾸려질 때면 언제나 주머니가 텅 빈 '을'의 입장이었던 등산가들은 '슈퍼 갑'의 시나리오대로 움직일 수밖에 없었다. 그런 식의 원치 않는 등반에서 벗어나는 탈출구를 라인홀트 메스너는 8,000미터 급 봉우리 14개를 최초로 완등해 가면서 제시한 것이다. 그래서 그의 등반이 더욱 위대했다.
　　그러나 그가 제시한 진정 자유로운 등반 즉, 셰르파의 도움이 없고 산소통의 도움도 없으며 스폰서의 경제적 도움이 필요치 않는 그런 소규모 등반과 단독 등반은 등반가의 엄청난 능력을 필요로 했다. 하지만 그런 자유로운 등반의 희열에 동참하는 많은 등반가들은 그 역경을 기꺼이 감수하며 산으로 향했다. 그리고 이미 그런 등반 사조는 1970년대부터 슬슬 싹트고 있었다.

그러나 1990년대까지도 한국은 그런 수준에 도달하지 못하고 있었다. 유학재도 그런 상황을 잘 알고 있었다. 태극기를 앞세우는 국가적 목표를 동반한 등반, 언론과 스폰서의 입맛대로 메인 카피와 브랜드 로고가 붙는 상업적인 등반에서 아직 한국의 등반가들은 자유롭지 못했다. 그리고 더 솔직히 이야기하자면 라인홀트 메스너식의 극한의 등반을 펼칠 만한 능력이 아직은 부족했다.

그러나 언젠가는 한국의 등반가들도 그들과 어깨를 나란히 하는 등반을 펼칠 것이고, 이번 가셔브룸 4봉 등반을 그 시금석이 되는 계기로 만들고 싶었다. 모든 조건을 충족하지는 못하지만 적어도 루트만은 한국보다 훨씬 실력이 월등한 외국의 원정대들이 전부 실패하고 아무도 오르지 못했던 코스, G4의 중앙 서벽을 한국인의 힘으로 길을 개척하며 성공시키고 싶었던 것이다. 국내에서는 그 의미를 모르는 것이 당연한 일이니 그들이 조소를 보내거나 관심이 없는 것에 대해서는 신경 쓴 적도 없고 서운하지도 않았다. 다만 산을 올라갈 때와 산을 내려올 때 똑같은 머릿수를 유지해야 하는 리더로서의 가장 중요한 책무를 생각할 때면 잠이 오지 않았다. 난공불락의 서벽은 이미 많은 사람들의 희생을 요구했고 앞으로도 요구할 것이다. 리더로서 그 부분에 대한 두려움만은 떨치기 힘들었다. 2년 전에 달렸던 똑같은 길이지만 결코 똑같지 않은 그 이유 때문에 유학재는 이미 2년 전에 눈에 익혔던 주위의 풍경들이 생경하기만 했다.

모두가 속내를 감추고 자신감으로 얼굴을 위장하는 사이 아스콜레부터의 카라반이 시작되었다. 이곳부터의 길은 그야말로 최악이었다. 아슬아슬한 산비탈을 따라 나 있는 길은 한 명 정도가 간신히 지나갈 수 있을 정도였는데 중간 중간 산사태로 끊어진 벼랑을 만나는 것은 더 이상 놀랄 일도 아니었다. 그뿐이 아니었다. 대낮에도 끊임없이 돌사태, 산사태가 일어나기 일쑤였고 뜨거운 흙먼지와 높은 기온은 정작 산을 오르기도 전에 대원들을 탈진시킬 정도였다. 최악의 산길 이후에는 인간이 살 수 없는 빙하가 시작되는데 이것이 세계에서 가장 긴 발토르 빙하이다. 고로팡, 빠유, 우르두까스, 고로 등을 거쳐 K2, 가셔브룸 등으로 갈리는 사통팔달 콩코르디아에 5월 22일 도착한 원정대는 시야에 들어오는 목적지, 가셔브룸 4봉을 바라보며 마지막 숙영을 했다. 2년 전 슬로베니아 원정대가 가셔브룸 4봉의 베이스캠프를 찾아오며 마지막으로 밤을 보냈던 그

K2로 향하는 길목에 서 있는 케른
© Patrick Poendl

장소였다.

다음 날, 원정대는 베이스캠프를 향한 마지막 카라반을 시작했다. 주위에 늘어선 고봉들은 여지없이 살벌한 눈사태와 더불어 천지를 가르는 굉음들을 연주하며 원정대에게 드디어 죽음의 지대에 들어왔음을 알려 주고 있었다. 프란시스 포드 코폴라Francis Ford Coppola 감독이 연출한 영화 〈지옥의 묵시록Apocalypse Now〉이 떠올랐다. 윌러드 대위가 커츠 대령을 죽이기 위해 작은 전투함을 타고 하천을 거슬러 올라갈 때, 양쪽에서 작은 목선에 선 채 온몸에 회칠을 하고 마치 죽음의 사자 같은 눈빛으로 윌러드를 쏘아보던 수많은 군상들이 등장했던 그 장면…… 그 장면이 떠올랐다.

맨 앞줄을 유지하며 걷던 우찬성 대원이 서벽을 물끄러미 바라보다가 길가에 자리 잡은 큰 바위 위에 작은 돌들을 쌓기 시작했다. 케른Cairn을 쌓기 시작한 것이었다. 작은 돌탑의 형태인 케른은 원래 길을 표시하는 의미를 지니고 있지만 우찬성은 돌들을 정성스레 쌓고 나서 짧은 묵도默禱를 올렸다. 이곳에 오기까지 그는 아니, 그뿐만이 아니라 해외 원정이 처음인 대부분의 대원들은 오로지 정상만을 생각하며 모든 것을 뒤로한 채 앞만 보고 달려왔다. 그리고 사진을 품고 자면서까지 상상으로 그리던 그 산이 드디어 눈앞에 펼쳐진 것이었다. 그러나 그들이 처음 나선 해외 원정의 목적지는 그때

우리는
그곳에
있었다

까지 단 두 팀만이 정상 등정에 성공했던 난공불락의 산이었다. 애써 숨기려 해도 그 엄청난 위압감은 그때까지 이를 악물며 땀으로 쌓은 자신감을 뒤흔들기에 충분한 것이었다. 그러나 아무도 우찬성이 올린 간절한 묵도의 의미를 물어보지는 않았다. 앞으로 수도 없이 경험할 공포의 순간마다 그들 역시 눈앞에 보이는 그 어떤 곳에라도 똑같은 심정으로 똑같은 행동을 할 것을 서로가 잘 알고 있었기 때문이다.

다시 돌아온
가셔브룸 4봉에서

5월 23일, 원정대는 해발 4,700미터의 베이스캠프 지역에 도착했다. 차량과 카라반을 통해 꼬박 열흘이 걸렸지만 일반적인 경우보다 일주일 정도가 빠른 신속한 움직임이었다. 조성대 대장은 도착하자마자 일부 포터들을 동원하여 물자들을 나르며 해발 4,900미터 지점에 ABC라 불리는 전진 캠프를 설치했다. 일반적으로 등반은 베이스캠프에서 등반 코스 상에 캠프1, 캠프2 등등을 구축하며 오르는 것이 당연하지만 베이스캠프에서 캠프1까지의 거리가 멀 경우 중간에 경유 지점을 만들기도 하는데 이 장소를 전진 캠프라고 한다. 전진 캠프에는 등반에 필요한 식량, 물자, 장비들을 미리 배치하여 산을 오르내릴 때 물자를 먼 거리까지 나르면서 생기는 체력

우리는
그곳에
있었다

소모를 많이 줄여 준다. 또한 무리하게 먼 곳을 오가지 않고 이 중간 지점에서 숙영할 수 있다는 장점도 있다. 캠프1을 설치할 지역이 해발 5,400미터 지점이기 때문에 베이스캠프와는 고도 차이만 700미터였다. 곧이곧대로 오고 간다면 빠져나오는 헛바닥을 감당할 수 없을 일이었다. 전진 캠프를 설치한 것은 이미 이곳의 지형과 상황을 잘 알고 있는 조성대 대장의 탁월한 선택이었다.

가셔브룸 4봉의 무시무시한 서벽 아래에서의 첫날 밤, 유학재의 눈에 열린 텐트 사이로 달빛에 어슴푸레 비치는 산의 정상이 들어왔다. 이제 유학재도 명실상부 수없는 등반을 통하여 단련되고 노련해진 국가대표 등반가였다. 드디어 저 서벽을 올라가는구나 하고 생각하다 보니 문득 그동안 행했던 많은 등반들이 생각나 떠오르는 대로 하나하나 꼽으며 혼자 중얼대기 시작했다.

"1988년에 미친 척하고 토왕성 폭포 단독으로 붙었다 성대 형한테 빳따 맞았고…… 거참, 첫 기록이 좀 별로네. 그 다음해에는 설악산 개토왕 빙폭 초등했고, 1991년에 파미르 코뮤니즘 봉 해발 7,545미터 올랐고…… 그때 참 힘들었지. 정상 올라가서 힘들다고 질질 짠 놈은 나밖에 없을 거다."

코뮤니즘 봉을 올라갈 때 컨디션이 좋지 않은 상황에서 기를 쓰고 올라가느라 정상에서 힘들어 울었던 기억이 나 멋쩍은 웃음이 새어나왔다.

사진 한국 산악회 제공

우리는
그곳에
있었다

"1992년에는 등반 많이 했지. 알래스카 키차트나 스파이어 동벽에서 신新 루트도 만들고 겨울에 백두산 장백폭포 등반……."

1992년의 백두산 장백폭포 빙벽 등반은, 일본 팀이 그곳에 최초로 오를 계획을 하고 있다는 정보를 입수한 뒤 급조해서 수행한 것이었다. 적어도 백두산의 빙벽을 일본인들이 초등하게 놓아둘 수는 없었다. 그래서 어렵사리 급조한 팀으로 중국으로 갔던 것이다. 별 하나, 나 하나 식으로 몇 개의 등반을 더 꼽아 보다가 최초의 해외 원정이었던, 아니 해외 원정일 뻔했던 매킨리 원정 준비 시절이 생각났다.

매킨리 원정을 대비한 설악산 훈련을 마친 다음 달인 1988년 2월, 원정을 석 달 앞두고 유학재는 앞마당처럼 오르내리던 인수봉에서 15미터를 추락하여 온몸의 뼈가 부서지는 큰 부상을 입었다. 옆의 친구와 수다를 떨다 손이 빠지는 바람에 일어난 사고였다. 본인의 출중한 실력만 믿고 자만에 빠졌던 결과였다. 추락할 때 눈앞으로 슬로비디오처럼 스쳐가던 하늘이 마지막 기억이었는데 정신을 차려 보니 이미 병원에 누워 있었다. 그날 하루 종일 인수봉 일대에서는 등반의 귀재 유학재가 떨어졌다는 뉴스가 꼬리에 꼬리를 물고 퍼져 갔다.

처음 가 보는 해외 원정에 꿈이 부풀었던 그는 불행하게도 병원에 6개월 동안 누워 있어야 했다. 용빼는 재주가 있을 리 만무했다. 그의 이름은 출정이 석 달 앞으로 다가온 매킨리 원정대 명단에서 사라졌다. 병상에 누워 다시는 객기 부리지 않겠다는 결심을 하며 눈물을 삼켰다. 매킨리 원정대 대장이었던 조성대는 병원에 누워 있는 유학재를 보고 난 뒤, 속이 터져 매번 끊겠다고 결심을 하던 담배를 꺼내 연신 빨아댔다. 얼마나 속이 터졌던지, 치료 잘 받으라는 말도 건네지 않고 가 버렸다.

그리고 3개월 후, 유학재는 병상에 누워 그 어려운 매킨리 산의 캐신 리지를 자신이 빠진 한국 원정대가 국내 최초로 올라갔다는 뉴스를 TV를 통해 보고 있었다. 35세인, 등반가로서는 전성기가 지난 조성대가 이를 악물고 어린 후배들과 같이 매킨리 정상에 오른 것이었다. 추락하며 부러진 새끼손가락 한 마디를 잘라내고 퇴원한 그는 큰 결심을 한다. 적어도 등반에서만은 겸손해지기로. 그리고 새로운 등반 철학도 깨달았다. 안전하게 산에서 내려오는 것이 산을 오르는 것보다 더 중요하다는…….

10여 년 전의 그때 일을 생각하며 유학재는 달빛에 비친 가셔브룸 4봉을 다시 한 번 쳐다보았다.

"겸손하고 안전하게 등반해야지……."

과연 신이 존재할까? 그 오묘한 진리를 알 수는 없지만 적어도 산을 오르기 전 산악인들은 나름의 방식으로 신에게 기도를 한다. 그 대상이 각자가 믿는 신이건, 혹은 현지인들처럼 히말라야 산에 깃들어 있다고 믿는 신이건 그들이 신들을 향해 기도하는 마음속에는 공통된 간절함이 있다. 목숨을 건 위험한 놀이를 하는 사람들에게도 최고의 목표는 정상을 오르는 것 이전에 살아 돌아오는 것이기 때문이다.

도착 다음 날인 5월 24일, 베이스캠프에는 돼지머리가 빠진 고사상이 차려졌다. 네팔 히말라야를 등반할 경우 베이스캠프에서는 등반 전에 티베트 라마불교에서 전래해 온 라마제를 지낸다. 라마제란 룽다긴 장대에 매단 깃발와 타르쵸만국기처럼 줄에 매단 오색 깃발를 설치하고 산신山神에게 무사 기원을 바라며 올리는 제사를 말한다. 그러나 가셔브룸 4봉은 파키스탄 히말라야에 있기 때문에 원정대는 순수하게 산제山祭를 한국식 고사로 지내기로 했다. 정면으로 보이

롱다와 타르쵸

는 G4의 거대한 벽을 바라보며 12명의 원정대는 이번 등반이 무사히 끝나기를 바라는 마음으로 절을 올렸다. 잠시 뒤 주위를 얼쩡거리는 까마귀들에게 음식을 던지며 '고시례'까지 마치자 조성대 대장은 대원들을 이끌고 건너편 바위벽으로 향했다. 1995년에 가셔브룸 4봉 중앙 서벽에서 실종된 슬라브코를 기리며 추모제를 가졌던 곳이었다.

SLAVCO SVETIČIČ, SLOVENIA, GASHUBRUM IV, 1958 - 1995

'슬라브코의 정원'에 피어 있던 꽃은 사라졌지만 동판의 글자는 아직 또렷하게 남은 채 2년 전 그 모습 그대로 걸려 있었다. 원정대는 다시 한 번 그 앞에서 추모제 성격을 띤 제사를 지냈다. 한국 정서로 본다면 이곳에 영혼을 묻은 슬라브코는 가셔브룸 4봉을 지키는 수호신이 된 것 아니겠는가.

"부디 우리 대원들이 안전하게 등반을 마치고 내려올 수 있도록 도와주십시오."

조성대 대장은 절을 하며 안전한 등반을 하게 해 달라는 간절한 마음을 전달했다. 이미 그와 얽힌 사연을 대충 알고 있었던 대원들은 조성대와 유학재에 이어 한 명씩 술을 올리고 절을 했다. 이야기로 전해 들었을 뿐이었지만 아무도 성공하지 못했던 극한의 코스를

가서브룸 4봉을 바라보고 있는 1997년의 원정대원들

알파인 스타일의 단독 등반을 시도하며 엄청난 도전을 했던 등반가에 대한 예우의 표시였다. 추모제가 끝나고 음복飮福을 하며 조성대 대장은 그때 그 사연을 재방송했다. 동판은 어떤 식으로 만들었는지, 그때는 꽃이 피어 있어 자신이 '슬라브코의 정원'이라는 이름을 붙였다는 등등 평소의 그답지 않게 수다를 떨었다.

고사가 끝난 오후, 전 대원이 베이스캠프 앞에 서서 가셔브룸 4봉을 올려다보고 있었다. 정상 능선에 바람이 부는지 작은 눈보라가 이는 것이 실루엣으로 보였다. 조성대 대장이 G4를 바라보며 대원들에게 전체적인 루트에 대해서 설명하기 시작했다. 사진을 통해서 수도 없이 보고 또 보아 왔지만 막상 눈앞에서 바라보자니 조금 다른 느낌이 들었다.

"저 부분쯤이 캠프2 지점인데 바로 그 아래에서 일본 원정대가 당했어. 세 명이 사망했지. 그 주변에는 모든 곳에서 주먹만 한 낙석이 총알처럼 날아오기 때문에 조심해야 해."

사망이라는 단어에 대원들의 눈에 힘이 들어갔다.

"캠프2 이후에 중앙 벽을 따라 갈비뼈같이 튀어나온 선을 따라 직벽 등반을 해야 하는데, 1983년 미국 원정대가 진출한 최고 높이가 6,900미터 저 지점이지. 가운데 시커멓게 보이는 부분이 블랙 타워인데 그 이상을 못 올라갔어. 미국 팀 정도의 실력으로 못 올라갔다면 이번 등반에서 가장 큰 난관이 될 것 같다는 생각이 든다. 그곳만 돌파하면 좀 쉽지 않을까 하는데…….”

최초의 루트를 뚫는 것이 힘든 이유는 아무런 정보가 없다는 점 때문이다. 아무도 올라가 본 적이 없기 때문에 망원경으로 관측한 정보만으로 짐작해야만 한다. 가장 우려스러운 점은 실제로 올라가 보았을 때 베이스캠프에서 예상했던 것과 너무 차이가 난다면 큰 위험에 빠질 수 있다는 것이다. 블랙 타워만 넘어서면 좀 쉬워 보인다는 조성대 대장의 예측은 일종의 바람이었다. 쉬울지, 아니면 더 막막한 죽음의 지대가 기다리고 있을지는 아무도 모르는 일이었다.

5월 25일, 야심차게 시작한 G4 중앙 서벽 등반의 첫발을 뗐다. 전 대원은 필승의 의지를 확인하는 파이팅을 외친 뒤 새벽 4시 반에 베이스캠프를 출발했다. 그날 전진 캠프를 만들고 이틀 뒤인 5월 27일, 해발 5,400미터 지점에 캠프1을 구축하면서 순조롭게 출발했다.

험한 산을 오를 때면 휴식을 취할 장소가 마음에 들지 않을 때가 많다. 일주일 뒤 구축한 해발 6,100미터의 캠프2는 정황상 당연히 캠프를 만들 수밖에 없는 곳이지만 동시에 위험한 지역이기도 했다. 반나절에 걸쳐 주위를 정리하는 동안 얼음 사이에 묻혀 있던 로프를 찾아냈다. 아마 전에 이곳을 올랐던 미국 원정대도 이곳을 캠프로 사용했던 것 같았다. 설벽에 둥지처럼 튀어나온 모양을 하고 있던 캠프2에 그들은 '참새 둥지'라는 이름을 붙였다. 결국 이곳은 등반이 끝나갈 무렵 무너지며 나중에 등정 시비의 빌미를 제공하는 장소가 되고 만다.

며칠 뒤 베이스캠프에서 난데없는 잔치가 벌어졌다. 식량 중에 찹쌀이 많이 남을 것 같아 인절미를 만들려고 시도했는데 결과는 영 꽝이었다. 식량 담당이었던 우찬성 대원이 압력솥에 물을 너무 많이 넣는 바람에 인절미는 죽으로 변해 버렸고, 결국 젓가락이 아닌 숟가락을 써야만 했다.

"이거 뭐 죽이냐, 수프냐?"

정재학 대원이 난생처음 인절미를 숟가락으로 퍼 먹으며 툴툴댔지만 맛은 있는지 쉼 없이 먹어댔다.

"그래도 입에 짝짝 달라붙습니다."

황영순 대원은 줄곧 입에 부어 넣으며 싱글벙글댔다. 뭔들 어떠랴, 없어서 못 먹지……. 힘든 등반 과정 중에 대원들은 인절미 죽 파티로 즐거운 하루를 보냈다.

6월 15일 새벽, 온 천지를 뒤흔드는 굉음이 G4가 위치한 히말라야 산맥 일대를 뒤흔들며 예기치 못했던 큰 사건이 일어났다. 서벽 오른쪽에 오랜 세월 어마어마하게 쌓여 있던 세락 sèrac, 즉 눈 처마가

우리는 그곳에 있었다

무너지며 거대한 눈사태가 난 것이었다. 전진 캠프는 눈사태 지역으로부터 비교적 멀리 떨어져 있었지만 워낙 거대한 눈사태였기에 그 후폭풍 또한 엄청났다. 후폭풍으로 날아온 눈 더미는 전진 캠프 일대의 언덕을 다 메워 버렸고 전진 캠프를 쑥대밭으로 만들었다.

캠프2의 황영순, 김동관 대원은 굉음을 듣고 잠에서 깨어 얼마 뒤 무전으로 이 소식을 들었다. 전진 캠프로 하산하며 전진 캠프와 캠프1 사이의 꿀루와르couloir. 복도를 뜻하는 프랑스어로 등반에서는 고산의 협곡을 뜻한다가 사라진 것을 발견했다. 언덕들이 다 사라지고 평지가 된 것이었다. 처음에는 길을 잘못 든 것이 아닌가 생각했을 정도였다. 그것 때문에 베이스캠프에서 올라오던 대원들도 원래의 전진 캠프 자리를 지나치고 말았다. 하룻밤 사이에 온 지형이 다 바뀌어 버렸던 것이다. 지금쯤이면 나타나야 할 전진 캠프가 가도 가도 보이지 않는 데에다 암만 보아도 주위의 지형이 생소하기만 했다. 결국 앞장서서 걷던 유학재를 뒤에서 불렀다.

"형, 아무래도 우리가 전진 캠프 지나온 것 같은데요."

"글쎄 말이야. 분명히 이 길인데 전진 캠프가 왜 안 나오지?"

우여곡절 끝에 찾은 전진 캠프 자리는 핵폭탄을 맞은 전쟁터를 방불케 했다. 텐트의 흔적은 고사하고 제자리에 박혀 있는 것이라고는 단 하나도 없었다. 우찬성 대원이 놓고 갔던 등반용 헬멧은 수류탄을 맞은 것처럼 터져서 나뒹굴고 있었다. 후폭풍의 여파로 시멘트 덩어리처럼 굳은 눈덩이들이 총알처럼 빗발쳤던 모양이었다.

가장 큰 문제는 장비와 식량이 모두 온데간데없이 사라져 버렸다는 것이었다. 등반에 필요한 모든 장비와 식량을 전진 캠프에 보관해 두었기 때문에 그 피해는 말로 다 할 수 없을 정도였다. 결국 모든 것이 날아가고 찢어지고 유실되었기 때문에 대원들은 모두 모여 수거 작업에 나설 수밖에 없었다. 하루 종일 장비와 식량을 회수하느라 일대 수 킬로미터를 돌아다녔지만 회수된 것은 3분의 1 정도.

원정대원들이 눈사태의 후폭풍으로 파괴된 전진 캠프의 장비와 비품들을 챙기는 모습
_영화 〈우리는 그곳에 있었다〉에서

그나마 식량은 절반가량만 간신히 재활용할 수 있을 정도였다. 정확하게 따져 보니 식량은 열흘치 정도, 나머지 등반을 할 수 있는 장비는 제로라는 결론이 났다. 너나 할 것 없이 말을 잃었고 두 다리에 힘이 쭉 빠졌다. 모두들 입을 닫은 채 이야기를 꺼내지는 않지만 냉정하게 판단해 본다면 이후의 등반은 불가능한 상황이었다.

그나마 다행인 것은 오랜 경험을 통해 눈사태를 예측한 조성대 대장이 3일 전에 전진 캠프에서 잠을 자지 말라고 지시를 내린 덕분에 그날 밤 전진 캠프에는 사람이 없었다는 것이었다. 1995년에도 그는 위험해 보이는 그 엄청난 양의 눈 처마에 신경을 곤두세웠다. 이번에도 베이스캠프를 만든 뒤부터 줄곧 그 위험 지역에 신경을 끄지 않은 채 주시하고 있었다. 그리고 최근의 따뜻해진 날씨가 그 눈 처마에 영향을 미칠 것이라는 불길한 예감이 들었던 것이다. 결국 그의 동물적인 감각이 대원들의 목숨을 살린 것이었다. 평상시처럼 전진 캠프에서 대원들이 야영했다면 어떤 불행한 사태가 벌어졌을지 모를 일이었다.

구걸 사절단과
라인홀트 메스너

일단 필요한 것이 무엇인지 파악해 보았다. 등반에 필수적인 로프와 하켄은 절대적으로 모자랐고, 식량도 큰 문제였다. 정상 공격 때 필요한 휴대용 포장 식량들은 눈사태에 묻히며 전부 돌덩이가 되고 말았다. 한숨이 절로 나왔지만 넋 놓고 있을 수만은 없었다. 할 수 있는 모든 방법을 동원하여 대책을 마련해야 했다.

장비, 식량을 보충하는 작업에 원정대와 같이 생활하던 요리사 이브라함이 많은 역할을 했다. 그는 K2와 브로드 피크 지역의 원정대에서 일하던 동료 요리사들에게 G4 원정대의 상황을 무전으로 알렸다. SOS를 친 것이었다. 동료들은 쉬는 날, 그 지역의 캠프1까지 오르내리며 그곳을 거쳐 간 원정팀들이 미처 수거하지 못한 하

우리는
그곳에
있었다

켄 5개를 찾아내 들고 왔다. 사례를 하려고 했으나 받지 않았다. 고맙기 그지없었다.

그것뿐이 아니었다. 조성대 대장은 남은 돈을 모두 털어 이브라함에게 건네주었고 그는 K6 지역의 후세라는 마을까지 내려가 하켄과 식량을 구해 왔다. 그 마을에는 상점이 하나 있었는데 없는 것 빼고 다 판매하는 만물상이었다. 그는 왕복 일주일이나 걸리는 그 마을을 올림픽을 제패했던 마라톤 영웅 비킬라 아베베 같은 모습으로 가쁜 숨을 몰아쉬면서 4일 만에 다녀왔다. 그곳에서 구매한 하켄은 박물관에나 전시해야 할 고물인 데다 터무니없이 비쌌지만 '아니면 말고~'의 배짱을 무시할 상황이 못 되었다. 20년 전의 물건이든 30년 전의 물건이든 어쨌든 기능은 그런대로 발휘할 것 같았다.

조성대 대장은 나름의 묘책까지 내놓았다. 당시 브로드 피크를 등반하던 시즈오카 일본 원정대는 캠프3으로 향하던 중 눈사태 때문에 고정 로프가 절단되며 대원 한 명이 전진 캠프까지 추락하여 사망했다. 그 사고로 그들은 더 이상의 등반을 포기하고 철수를 준비 중이었다. 조 대장은 100달러를 집어넣은 봉투에 조의금이란 글씨를 써서 네 명의 대원들로 하여금 한국식으로 조문을 보냈다. 원정을 온 팀이 다른 원정대에게 조문이라니. 아마 히말라야 역사상 최초의 조문이었을 것이다. 일본 원정대는 세 시간이나 걸어서 방문한 뜻밖의 조문 사절에 놀라는 눈치였으나 진지하게 위로의 말을 건네는 한국 원정대원들에게 감사의 말을 전했다. 이런저런 이야기를 잠시 나누고 자리를 뜰 때, 조문을 간 황영순 대원이 마치 무언가 생각났다는 제스처를 취하며 조 대장의 지시대로 걸음을 멈추고 돌아서서 한마디 던졌다.

"그런데 혹시 남는 장비나 식량은 좀 있습니까? 있으면 좀 구입하고 싶은데……."

조성대 대장은 어차피 철수하면서 더 이상 필요가 없어진 장비와 식량을 매우 우아한 방법으로 구할 수 있지 않을까 해서 조문을 보냈던 것이었다. 그런데 아쉽게도 한 발 늦었다. 일본 원정대는 한국 원정대원들이 조문을 한 바로 전날 짐을 줄이기 위해 현지인들을 통해 이미 모든 것을 처분해 버린 것이었다. 계획이 실패하며 묘책은 꼼수가 되고 말았다. 결국 조문 사절이 G4 베이스캠프로 들고 온 것은 일본 팀이 남은 것이 그것뿐이라며 건넨 일본식 양갱 다섯 개가 전부였다. 맛은 있었다.

엄홍길이 대원으로 참여한 스페인 원정대에도 연락을 해 보았다. 엄홍길은 스페인 바스크BASQUE 원정대의 대원으로 여러 번 등반을 같이 하고 있었고 1997년 당시에는 가셔브룸 1봉 등반을 위해 같은 지역에 있었다. 그러나 스페인 원정대는 경량의 등반을 하는 팀이었기 때문에 식량과 장비가 충분하지 않았다. 대신 눈사태가 나기 전 G4 한국 원정대가 보내준 굴비와 전통주에 대한 화답으로 와인과 양주를 보내왔다.

최대 하이라이트는 유학재와 정재학 대원으로 구성된 '구걸 사절단'의 맹활약이었다. 정재학 대원은 조성대 대장이 한국산악회 기술위원회를 맡고 있던 시절부터 유학재와 같이 산을 다니던 친구이자 장기長期 원정 계획을 세웠던 시기의 원년 멤버였다. 1992년에 사진을 공부하기 위해 미국으로 건너간 이후 계속 연락을 하며 지내 왔다. 그러다 1997년 G4 원정대의 영상 기록을 맡아 달라는 제의를 받았지만 처음에는 고민했다. 그동안 사회생활을 하느라 등반을 열심히 하지 않았을 뿐 아니라 한국에서 열심히 훈련을 하고 히말라야로 건너올 대원들에게 잘못하면 민폐를 끼칠 수도 있다는 걱정 때문이었다. 그러나 한참 사진 촬영에 빠져 있던 그에게 히말라야 촬영은 매력적인 유혹이었다. 사실 그때까지 대부분의 한국 산악인들처럼 그 역시 G4가 어떻게 생긴 산인지, 어디에 있는지 사진 한 장 본 적이 없었다. 원정이 끝나고 미국으로 돌아간 후, 그는 그렇게 흉측한 산인 줄 알았더라면 생각을 달리 했을 것이라는 농담을 하곤 했지만 그렇게 즐거운 등반을 해 본 적도 없었다고 회고하고 있다. 스스로를 '깍두기 대원'으로 생각한 정재학은 원정 당시에 대원들의 짐이 되지 않기 위해 나이 많은 선배라는 권위와 체면을 내려놓고 등반 외적인 모든 것에 앞장섰다.

그래서 그는 눈사태 이후 식량과 장비 수급에 전 대원이 집중하고 있을 때 무언가를 기다리며 매일 망원경으로 주위를 살폈다. 그리고 아침 나절, 베이스캠프에서 하루 거리 정도인 콩코르디아 광장 쪽에 굉장히 많은 인원이 움직이는 것을 발견했다. 곧바로 캠프1에 있던 유학재에게 무전을 날렸다.

"야. 학재야. 드디어 떴다."

"그래?"

"빨리 내려와."

그들이 기다리고 있던 것은 G1가셔브룸 1봉, G2가셔브룸 2봉를 등반하러 온 한국의 대학산악연맹 원정대였다. 원정 대장은 친한 사이인 홍익대 OB팀 이상돈 선배였고 등반대장은 동국대 OB팀인 후배 박영석2011년, 안나푸르나 남벽에서 실종이었다. 대학연맹팀이 들어온다는 사실을 미리 알고 있었던 두 사람은 그들이 가셔브룸 지역으로 들어오면 찾아가 부족한 장비를 얻어 오겠다는 계획을 미리 세워 놓고 있었다. 그 후 이제나 저제나 목을 뺀 채 기다렸는데 드디어 그들이 시야에 들어온 것이었다. 소식을 들은 유학재는 캠프1에서 뛰어 내려왔다. 두 사람은 빈 배낭을 메고 대학연맹 원정대를 향해 달려갈 준비를 했다. 스스로를 '구걸 사절단'이라 이름 붙인 그들은 베이스캠프를 떠나며 조성대 대장에게 최대한 많이 쓸어 담아 오겠다며 출정식을 벌였다. 돌아올 때는 빈 배낭을 산타클로스처럼 빵빵

故 박영석 대장의 산악 그랜드 슬램 보고회에서.
중앙이 故 박영석, 그 오른쪽이 유학재.
오른편 맨 끝이 촐라체 등 난벽(難壁)들만 등반했던 등반가 박정헌.

한 선물 보따리로 만들어 올 작정이었던 것이다. 조 대장도 씩 웃으며 격려했다.

"잘해 봐."

변죽이 잘 맞는 두 사람에게 베이스캠프에서도 많은 기대를 걸었다. 화려한 개선을 기대하며 출정식에 모두 모여 비장한 각오로 먼 길을 떠나는 두 사람에게 박수를 보냈다.

대학연맹팀을 찾아가자 처음에는 그들을 반기는 듯했다. 그런데 연맹팀의 대장이었던 이상돈이 방문 목적을 눈치 채고는 그다지 협조해 줄 의사가 없음을 시사했다. 스물두 명이 참가한 초 대규모 원정대라서 장비, 식량이 언제 동날지 모르는 데다 아직 시작도 하지 않았는데 장비와 식량을 빼 준다는 것이 썩 내키지 않은 것이었다. 두 사람은 작전을 바꾸기로 했다. 일명 '깽판' 작전으로 들어간 것이다. 날이 어두워지자 술판을 벌이기 시작했다. 다행히 원정대장인 이상돈 선배를 제외한 스물한 명의 모든 대원이 두 사람의 후배들이었다.

"야, 술 좀 가져와라."

군번이 높은 두 사람은 날이 어두워지자 후배들을 불러 모아 술판을 벌였다. 대충 벌이면 안 될 것 같아 모든 텐트를 돌아다니면서 2차, 3차, 4차 등등 한국식 음주 문화의 전통을 이어갔다. 원래 산소가 부족한 고지대에서 술을 마시는 것은 금기사항이다. 특히 고소 적응이 되기 전에는 반드시 피해야 될 일이다. 그러나 대개 고소 적응이 된 다음에는 심리적인 스트레스를 풀기 위해 조금씩 음주를 하는 경향이 있다.

"괜찮아. 한국 사람들은 원래 많이 마시기 때문에 괜찮아."

주는 술잔을 받아 마신 후배들은 나가떨어지기 시작했지만 이미 고소 적응을 마친 두 사람은 오랜만에 마시는 술이 그렇게 달콤할 수 없었다. 술에 취해 이상돈 대장의 텐트에게까지 쳐들어가 한잔을 권했다. 빡빡한 일정 때문에 피곤에 절었던 이상돈 대장은 몇 잔 마시다 기절했다. 고소의 영향도 있었을 것이다. 작전이 괜찮은 것 같았다. 4,700미터 고지에서 술에 취하는 호사를 누린 유학재와 정재학은 빈 텐트에서 침낭도 없이 추위에 떨며 잤다. 하나라도 더 강탈해 가려고 침낭도 없이 아예 빈 배낭으로 왔던 것이다. 다음 날 박영석이 이상돈 대장에게 건의했다.

"여유 있는 품목 중에서 골라 조금 챙겨 주는 게 어떻겠습니까? 학재 형 계속 술판 벌이면 대원들 고소 적응하는 데 문제가 있을 것 같은데요."

"설마 계속 그러겠냐? 오늘은 돌아가겠지."

그런데 두 사람은 그 다음 날이 되어도 갈 생각이 없었다. 장비 안 내놓으면 여기서 뼈를 묻겠다는 각오로 연맹팀과 같이 이틀을 더 동행했다. 낮에는 이상돈 대장 옆을 떠나지 않고 좇아다니며 하루 종일 귀찮게 했고 밤이 오면 어김없이 유흥을 시작했다. 당연히 친목을 빙자한 술판과 깽판이 이어졌다. 두 사람은 계속 침낭 없이 뭐 떨듯 잠을 자야 했다. 평소 같으면 대학연맹팀에서 보유하고 있던 예비 침낭이라도 주었을 것이다. 그러나 고생 좀 해야 빨리 돌아가지 않겠나 싶어 이상돈 대장이 두 사람에게 침낭을 주지 말라고 지시를 한 것 같았다. 그런데도 정말로 접착제처럼 붙어 계속 따라올 것 같은 낌새가 보이자 삼 일째 되던 날, 두 사람 때문에 극도로 머리가 아파진 이상돈 대장이 선배인 가셔브룸 4봉 원정대 조성대 대장에게 무전을 날렸다.

"성대 형, 유학재, 정재학 이놈들 좀 제발 데리고 가요. 우리 대원들 아직 고소 적응도 안 되어 있는 상태인데 밤마다 술만 먹이고 깽판 치고 있어요."

"그래? 어디 갔나 했더니 거기 가 있었구나. 잘됐다. 그놈들 여기서도 매일 술만 먹고 깽판 쳐서 우리 원정대에서도 필요 없으니까 데리고 다니면서 포터로 쓰든지 알아서 해라. 안 오는 것 보니까 거기가 좋은가 보다. 오지 말라고 전해 다오."

조성대 대장도 능글능글 두 사람의 깽판 작전을 측면 지원했다. 드디어 두 손 두 발 다 든 이상돈 대장은 어떻게 해서든 빨리 해결해야 되겠다고 결론을 내리고 유학재를 불렀다.

"야, 유학재. 그만 좀 따라와라. 필요한 게 뭐야? 줄 테니까, 가. 제발 좀 가."

신이 난 유학재는 필요한 물품 목록을 꺼내어 줄줄이 읊어 댔다. 그러나 이상돈 대장도 지난 삼 일 동안 당한 게 있어서 원하는 대로 다 주기는 억울했다. 그래서 결국 협상 끝에 받아 낸 것이 400미터 로프 두 동이었다. 그런데 유학재는 이미 삼 일 동안의 술자리를 통해 연맹팀이 콩코르디아 광장 진입 전에 현지인들을 시켜 소를 한 마리 잡았다는 이야기를 들었다. 콩코르디아 광장 이후는 현지인들이 신성한 지역으로 여기기 때문에 동물을 도축할 수 있는 장소는 그곳이 마지막 지역이었다.

"상돈이 형, 그리고 소 뒷다리 하나만……."

"안 돼. 우리가 몇 명인지 알아? 스물두 명이야, 스물두 명. 소 뒷다리도 한 끼밖에 안 돼."

"형, 우리 대원들도 쫄쫄 굶고 있어요. 연맹팀은 아직 쌩쌩하잖아. 우리 대원들 지금 가서 보면 파키스탄 거지들이에요. 다 같은 산악계 후배들인데 불쌍하지도 않아요?"

"안 돼."

마음씨 좋은 이상돈 대장이었지만 의외로 소 뒷다리는 못 주겠다고 버텼다. 결국 소 뒷다리를 가지고 옥신각신하다가 대신 소주 1.8리터 두 병을 받아 냈다. 구걸 사절단이 나름 건진 성과였다. 그날 오후, 떠나는 두 사람을 보며 텐트 앞에 서서 이상돈 대장이 팔짱을 끼고 한마디 던졌다.

"징글징글하다, 산적 같은 놈들."

대학연맹팀을 삼 일 동안 따라다니느라고 G4의 베이스캠프로부터 멀리 왔지만 돌아가는 두 사람의 발길은 가벼웠다. 그런대로 전리품을 챙겨 가고 있었기 때문이다.

반나절쯤 갔을 때 반대편에서 누군가 오는 것이 보였다. 수염을 덥수룩하게 기른 사람이 발을 절면서 앞장을 서고 있었고 뒤에는 포터 두 명이 뒤따르고 있었다. 그런데 앞에 서 있는 사람을 유심히 쳐다보던 정재학이 입을 열었다.

"야, 학재야. 저 사람, 라인홀트 메스너 아니냐?"

"에이, 그럴 리가. 수염 길렀다고 다 라인홀트 메스너냐? 그리고 수염도 지저분하게 길렀구먼. 다리도 절고. 메스너가 장애인도 아닌데 다리를 왜 절어?"

그러나 정재학은 아무리 보아도 앞장서서 다리를 절며 오고 있는 사람이 라인홀트 메스너 같다는 생각이 들어 다가가서 이야기를 건넸다.

"Excuse me. If isn't you, Reinhold Messner?"

"Yes, I am."

이럴 수가! 그는 분명 라인홀트 메스너였다. 세계 최초로 8,000미터 급 히말라야 봉우리 14개를 1970년부터 1986년까지 전부 올랐던 현존하는 지구상 최고의 철인인 라인홀트 메스너였던 것이다. 그는 그때까지 일반적이었던 대규모 원정대의 조직을 탈피해 단지 두세 명만으로 원정에 오르는 알파인 스타일을 추구했다. 무림으로 따지면 12성의 최고 공력을 이룬 유일무이한 최고의 무사인 셈이었다. 그런 그를 파키스탄 히말라야의 한적한 골짜기에서 만난 것이었다. 메스너는 '동네 선배'였던 헤르만 불Hermann Buhl, 1924~1957의 기일忌日이 다가와 그가 유명을 달리한 초골리사Chogolisa, 해발 7,668미터로 가는 길이라고 했다.

세계적인 산악 등반가 라인홀트 메스너
ⓒ Lorenzo Tonello

헤르만 불은 1953년 낭가파르바트를 최초로 오른 오스트리아 산악인이었다. 1957년, 브로드 피크를 오른 뒤 연이어 초골리사 산에 도전했다가 눈 처마가 무너지는 바람에 사망했다. 그가 최초로 오른 낭가파르바트에서 하산했을 때의 모습은 지금까지도 유명한 일화로 남아 있다. 너무나 많은 에너지를 한꺼번에 썼기 때문인지 며칠 사이에 젊은 청년이 갑자기 80세 노인의 모습으로 뒤바뀌어 있었기 때문이다. 그런데 1944년 이탈리어 태생인 메스너는 1924년 오스트리아 태생인 헤르만 불을 "동네 선배"라고 이야기했다. 아마도 세상이 모르는 자기들만의 인연이 있었던 것 같았다. 아무튼 존경하던 선배를 잊지 않고 기일을 챙기기 위해 이곳까지 올라온 것을 보니 메스너의 인간 됨됨이가 어떤지 알 수 있었다. 어디 가서 이야기하지 말라면서 고백한 다리를 절뚝이던 이유는 좀 황당했다. 1년 전 집에서 침대를 건너뛰다가 다리가 부러졌다는 것이었다. 세계 최고의 험난한 봉우리들을 오른 등반가가 그런 이유로 다리가 부러졌다고 이야기하기가 창피해 1년 동안 두문불출했다는 것이다. 아직도 뼈가 완전하게 붙지 않았는지 통증이 있어 보였다.

그런데 이야기를 대충 마치고 가던 길을 가려던 메스너가 정재학의 재킷에 붙어 있는 마크에 새겨진 '1997, Gashubrum IV, West Face, Korean Expedition'이라는 글자를 보고는 관심을 보이기 시작했다. 자신에게 이야기를 걸었던 사람들이 G4 중앙 서벽 한국 원정대임을 알게 된 것이었다.

그 루트가 어떤 곳인지는 누구보다도 잘 알고 있는 그였기에 그는 막 뗀 발걸음을 멈추고 환한 표정으로 질문을 하기 시작했다. 그가 던진 첫 질문은 셰르파를 동행한 등반이냐는 것이었다. 파키스탄 히말라야의 경우 셰르파들이 살고 있지는 않지만 수단과 방법을 가리지 않고 정상에 등정하려는 원정대의 경우에는 셰르파를 네팔에서 공수해 와서 등반하는 경우가 더러 있었다. 그때까지도 한국은 등반과 탐험에 있어서 선구자적인 역할을 한 적이 없기 때문에 그런 질문을 던진 듯했다. 그런데 정재학이 "No Sherpa."라며 셰르파가 없다고 하자 라인홀트 메스너는 약간 흥분하기 시작한 것 같았다. 세계 최고의 등반가가 흥분할 만큼 G4의 중앙 서벽 등반은 대단한 것이기 때문이었다.

그리고 그의 다음 질문은 몇 명이 왔냐는 것이었다. 그런데 정재학이 "Twelve."라고 하자 약간 실망한 듯했다. 아니, 메스너는 그렇지 않았지만 대답을 하는 정재학 대원 자신이 자격지심 때문에 그렇게 느꼈을 수도 있었다. 그러나 명실상부 세계 최강자의 입장에서 바라던 두 번째 질문에 대한 답은 "Just Two." 혹은 "Three."였을 것이다.

거대 원정대도 실패했던 험한 산들을 무산소 등반, 단독 등반 혹은 2~3명의 알파인 스타일 등반, 셰르파를 동반하지 않은 등반 등 엄청난 도전을 해온 그 앞에서 정재학은 우리 한국도 G4 중앙 서벽을 알파인 스타일로 오른다고 대답하고 싶었다. 그러나 당시 한국의 실력은 거기까지가 맥시멈이었다. 열두 명이 아닌 두 명만으로, 혹은 1995년도의 슬라브코처럼 단독으로 등반을 할 수 있다면 좋겠지만 당시는 한국에서 G4에 도전장을 내는 것만으로도 대단한 시도였다. 어쨌든 이번 등반이 성공한다면 훗날 한국의 누군가가 그런 루트를 알파인 스타일로 오르는 날이 오지 않겠는가?

라인홀트 메스너는 좋은 등반을 하라며 손을 흔들고는 여전히 절뚝거리며 언덕 너머로 사라졌다. 두 사람의 영어 대화를 세세히 알아들을 수는 없던 유학재는 그저 싱글벙글 미소만 짓고 있었지만 정재학은 구걸 사절단의 역할을 제대로 수행하고 돌아오면서도 약간은 우울해졌다. 젊음을 산에서 보냈던 사람으로서 이번 등반이 앞으로 한국 등반 역사에 좋은 영향을 미치기를 바라는 것 이외에는 할 수 있는 것이 없다는 사실이 아쉬웠던 것이다.

어쨌든 구걸 사절단은 환영을 받으며 개선장군처럼 돌아왔고 두 개의 1.8리터 소주 페트병은 그날 밤 바닥을 드러냈다. 그리고 다음 날부터 베이스캠프는 난데없는 공장이 되어 버렸다. 부족한 장비를 제작하는 작업에 들어간 것이었다. 스노 바를 줄톱으로 일일이 잘라 부족한 하켄 대용으로 쓰기 위해서였다.

스노 바란 눈 더미에 수직으로 꽂아 그곳에 연결한 카라비너에 로프를 걸어 쓰는 확보 장비이고, 하켄은 바위 사이의 틈새에 망치로 박아 확보를 하는 장비다. 하켄은 특수한 재질로 만드는 데에다 꽤 강도가 높아야 한다. 스노 바로 하켄을 대용한다는 것은 임기응변에 불과하고 대단히 위험한 시도였다. 등반자가 추락할 때 안전하게 잡아 줄 장비가 스노 바라면 바위틈에서 견디지 못하고 부러지거나 빠질 확률이 매우 높기 때문이었다. 그러나 찬밥, 더운 밥 가릴 상황이 아니었다. 심지어 나중에는 보유하고 있던 군용 숟가락까지 확보 장비로 동원되었다. 불완전한 장비들은 비교적 안전한

하켄 대용으로 쓰기 위해 줄톱으로 스노바를 자르는 모습.
실제로는 아무런 역할도 할 수 없는 위험한 장비였다.
_영화 〈우리는 그곳에 있었다〉에서

구간에서 쓰기로 했다. 적어도 심리적인 도움은 줄 수 있기 때문이었다.

그나마 스노 바도 부족하여 텐트를 고정하는 데 쓴 스노 바까지 빼 왔다. 베이스캠프에서 수 킬로미터 주변을 움직이다 보면 중국, 인도와 여전히 군사적으로 대치하고 있는 파키스탄 당국에서 군사용으로 쓰다가 폐기한 커다란 통신용 대나무 말뚝들이 있었다. 처음에는 그 대나무 말뚝들을 잘라 나무 하켄으로 쓰려고 했다. 장비가 발전하지 못했던 옛날에는 나무로 만든 우드 하켄을 썼다는 기록이 있기 때문이었다. 그러나 아무래도 불안하여 그 대나무들은 적당히 잘라 텐트의 고정 팩으로 쓰고 거기에 박혀 있던 스노 바를 가져와 하켄으로 잘라 썼다. 그런데 그 대나무들은 이래저래 쓸모가 없는 물건들이었다. 캠프1에서는 대나무로 고정한 텐트가 눈앞에서 순식간에 날아가며 회수할 수도 없는 빙하로 번지점프를 하고 말았다. 고어텍스 재질로 만든 값비싼 텐트였는데 하염없이 날아가는 모습을 보며 입맛을 다실 수밖에 없었다. 어쨌든 임시로 차려진 공장은 며칠 동안 초과근무를 하면서도 노동쟁의 없이 잘 돌아갔다.

"이거 완전히 파키스탄 촌구석에 가내수공업 하는 대장간이네."

유학재는 이슬라마바드에서 자동차로 이동하다가 간간히 보았던 파키스탄 시골 동네의 공장들을 떠올리며 중얼거렸다.

생사의 기로

 매일 반복되는 고된 등반은 잘못하면 대원들을 지치고 힘들게 만들 수 있다. 원정대의 등반 성공 여부는 대원들의 능력에도 좌우되지만 얼마나 즐겁게 등반을 하는가 하는 분위기에도 많은 영향을 받는다. 어떤 면에서 보면 원정대가 사분오열된 채 정상 등정을 하는 것보다, 비록 정상에 올라가지 못했다 하더라도 최선을 다하고 즐겁게 등반을 했다면 그것이 성공한 등반이라고 할 수 있다. 그래서 원정대원들 중에 분위기 메이커가 있다면 그것은 굉장히 큰 장점으로 작용하는 것이다. 1997년 가셔브룸 4봉 원정대의 분위기 메이커는 대원들 중 가장 고참 선배인 유학재와 정재학이었다. 맨 위 선배들이 편한 사람들이었기 때문에 후배들은 눈치 안 보고 편하게 등반을 즐길 수 있었다.

6월 23일, 그런 분위기 메이커였던 정재학이 베이스캠프에서 대원들이 모인 가운데 원맨쇼를 시작했다. 마치 주말에 방영되는 개그 프로그램 녹화장 같은 분위기였다. 정재학이 방청객처럼 모여 앉은 대원들에게 개인 등반 기록표를 들이대며 질문을 던졌다. 기록표란 마치 보험회사 직원들의 실적표처럼 누가 얼마나 등반에 기여했는가를 막대그래프로 매일 기록해 놓은 차트다.

"아니, 이건 누군데 밥만 먹고 전혀 움직이지 않았네요."

"그 사람이 누구예요?"

유학재가 능청맞게 질문을 던지자 정재학이 기록표에 얼굴을 바짝 들이대고 이름을 확인하더니 전혀 모르는 사람이라는 듯 뻔뻔한 얼굴로 이야기했다.

대원들을 웃기고 있는 정재학 대원.
그는 1997년 한국 원정대의 분위기 메이커였다.
_영화 〈우리는 그곳에 있었다〉에서

"조성대 씨가 누구예요?"

모두의 웃음이 터졌다. 베이스캠프에서 주로 지휘만 하는 조성대 대장은 등반을 한 적이 없으니 막대그래프가 쌓였을 리 없었던 것이다. 신이 난 정재학이 이번에는 G4의 전경이 그려진 지도를 들어 올려 등반이 이루어진 선들을 짚어 가며 산중 개그를 이어 갔다.

"오늘 현재, 하루 평균 20미터씩 전진해서 캠프3으로 향하고 있습니다. 어떤 날은 1미터도 전진 못하고 있습니다."

이어서 객석에서 우찬성이 받아 쳤고 정재학이 깔깔대며 맞장구를 쳤다.

"올라가도 시원찮은 판에 누구는 까먹었습니다."

"우하하하, 방정호 까먹었어. 몸무게 많이 나가는 방정호 대원, 새로 쌓인 눈들을 몸무게로 뭉개고 무너뜨리는 바람에 10미터를 까먹고 내려왔습니다."

그날의 베이스캠프는 지친 대원들을 위한 정재학의 개그 콘서트가 빛을 발한 하루였다. 그런데 말이 씨가 된 것일까? 정재학의 개그쇼가 끝난 직후 사고 소식이 날아들었다.

같은 시각, 황기룡 대원과 신동철 대원은 캠프3까지의 루트를 만들고 있었다. 이미 안나푸르나와 알래스카 매킨리를 등반한 경험이 있던 대구 출신의 황기룡은 언제나 궂은 일이 있으면 앞에 나서는 그야말로 씩씩한 친구였다. 선등을 좋아해 낙석에 얻어맞으면서도 미소를 잃지 않고 루트를 만드는 데 앞장서는 중이었다.

신동철은 고등학교 수학여행 때 보았던 설악산을 잊지 못해 G4까지 오게 되었다. 잡지에서 우연히 모집광고를 보고 등산학교에 들어가 전문 등반을 경험했지만 해외 원정은 처음이었다. 더군다나 원정대에는 출발을 불과 2개월 남겨 놓고 합류하는 바람에 분위기 파악하기에도 바빴다. 베이스캠프 도착 이후 고소 때문인지 계속 컨디션이 안 좋아 그동안 원정대에서 많은 활동을 하지 못했다. 누가 뭐라고 하는 사람은 없었지만 고생하며 등반을 하는 동료들에게 내내 미안했다. 그렇게 한 달 정도 지나면서 몸 상태가 회복되었고 해발 6,500미터 지점에서 동갑내기 황기룡과 가장 힘든 캠프3까지의 루트를 만드는 작업에 나서게 된 것이었다. 그런데 그 와중에 예기치 못한 일이 벌어졌다.

"이런!"

선등을 하던 황기룡 대원이 미끄러지며 외마디 비명을 내질렀다. 동시에 그의 몸이 뒤편의 허공으로 붕 뜨며 5미터 정도 추락했다. 곧이어 이 충격은 추락하는 황기룡을 잡아 주어야 할 로프가 걸린 하켄을 바위 사이의 틈새에서 잡아 빼고 말았다. 빠지는 하켄과 함께 리듬을 타고 다시 한 번 튕긴 황기룡은 밑에서 확보를 하고 있던 신동철 대원 옆을 지나 계속 추락했다. 그러자 그 충격은 신동철 대원을 잡아 주고 있던 하켄마저 뽑아 버렸고 두 사람은 함께 25미터 이상 추락하고 말았다. 일단은 한 피치 아래에 걸어 놓았던 하켄 하나가 고정 로프의 끝부분을 잡아 준 덕분에 더 이상의 추락은 막았지만 허공에 걸린 그들 아래로 이어진 것은 1,000미터 가량의 낭떠러지였다.

황기룡, 신동철 대원이 위기에 처했던 장면을 그린 그림
ⓒ 박주원

잠시 후 정신을 차린 신동철 대원이 아래를 내려다보니 먼저 추락한 황기룡 대원은 몸의 절반 정도를 눈 처마에 걸친 채 신음 소리를 내며 매달려 있었다. 다시 위를 쳐다보니 자신들을 지탱해 주고 있는 한 가닥 로프가 이미 거의 끊어져 몇 가닥의 내피만 앙상하게 드러나 있었다. 두 사람의 몸무게와 달고 있는 장비들을 합치면 대충 잡아도 150킬로그램은 족히 나갈 텐데 과연 그 실 몇 가닥이 얼마나 버텨 줄지 몰라 섣불리 움직일 수도 없었다. 그런 절체절명의 상황인데도 마치 영화의 한 장면 같다는 엉뚱한 생각이 들었다. 신동철보다 더 아래쪽으로 추락해서 위쪽을 볼 수 없는 황기룡은 로프가 끊어지기 직전인 상황을 파악하지 못하고 있는 것 같았다.

"기룡아, 괜찮아?"

"아…… 괜찮은 것 같아. 동철이 너는?"

"아직 모르겠어. 일단 움직이지 마."

"알았어."

신동철은 로프가 끊어지기 직전인 이 엄청난 상황을 황기룡에게 이야기해야 할지 말아야 할지 고민이 되기 시작했다. 누군가의 도움이 없다면 탈출이 불가능할 텐데 몇 피치 아래에 있던 김동관이 이 상황을 알아차리기는 했을까 하는 생각도 들었다. 허공에 매달린 채 아무런 대책도 없이 발 아래로 이어지는 1,000미터의 벼랑을 보고 있자니 머릿속이 하얗게 변해 갔다. 심지어 지금 가슴을 옥죄어 오는 것이 공포인지 무엇인지조차도 구분이 가지 않았다.

그 시각, 김동관 대원은 몇 피치 아래에서 위로 오르면서 눈앞의 고정 로프가 팽팽히 당겨져 있는 것을 발견했다. 로프를 들어 올려 상태를 확인하려 했지만 무언가 엄청난 하중으로 로프를 당기고 있다는 생각이 들었다. 예감이 불길했다. 숨도 쉬지 않고 뛰어오르기 시작했다. 로프는 계속 팽팽한 채 위로 오를수록 더욱 센 힘으로 눈을 파들어 가고 있었다. 그런데 위쪽의 벽으로 이어져야 할 로프가 오른편 협곡 쪽으로 방향을 틀고 있는 것이 보였다. 순간, 가슴이 덜컥 내려앉았다. 그곳으로 올라가 협곡 쪽으로 조심스럽게 넘겨다 보니 신동철과 황기룡이 허공에 매달린 것이 보였다. 추락을 하며 암각에 쓸렸는지 두 사람을 지탱하고 있는 로프가 거의 끊어져 나간 채 내피 몇 가닥만 남아 있는 것도 눈에 들어왔다.

워낙 다급한 순간이라 어떤 상황인지 두 사람에게 물어보지도 않았다. 차라리 그 시간에 한시라도 빨리 온전한 로프를 가져와야 할 것 같았기 때문이다. 김동관은 몇 피치 아래에 있던 새 로프를 들고 올라와 주변의 암각에 튼튼하게 확보를 한 뒤 협곡 너머로 얼굴을 들이밀고 소리를 쳤다.

"확보된 로프 내려가니까 고리 만들어서 카라비너에 걸어."

전래동화가 재연된 것처럼 허공을 가르며 한 가닥 줄이 하늘에서 내려왔다. 잠시 후 '철컥' 소리와 함께 두 사람의 몸에 걸린 카라비너 사이로 안전한 로프의 고리가 새로 걸렸다.

"후우."

위에서 지켜보던 김동관이 그제야 고개를 젖히고 뒤로 누우며 긴 안도의 한숨을 내쉬었다.

잠시 후, 베이스캠프에서 사고 소식을 들은 조성대 대장이 무전기 앞으로 헐레벌떡 달려왔다. 교신 중이던 황영순 대원이 마이크를 건넸다.

"여기는 BC. 김동관, 상황 보고하라, 이상."

"김동관입니다. 지금 두 명 다 구조를 해서 안전한 위치까지 올라

신동철(위) 대원과 김동관(아래) 대원
_영화 〈우리는 그곳에 있었다〉에서

와 있습니다. 두 명 다 뼈가 부러진 것 같지는 않은데 오늘 밤을 지나봐야 확실한 것을 알 수 있을 것 같습니다."

"잘 알았다. 일단 캠프2로 철수하라. 아니, 베이스캠프로 귀환하라, 이상."

조성대 대장은 지옥을 경험한 두 대원이 일단 베이스캠프로 내려와 심리적인 안정을 취하는 것이 좋겠다는 결론을 내렸다. 등반 일정이 좀 늦어지더라도 무엇보다 안전이 제일이었기 때문이다.

그날 밤, 생사의 문턱을 오간 세 명이 베이스캠프로 내려왔다. 대원들 사이에서 단연 이야기의 중심은 오후에 일어났던 사고가 될 수밖에 없었다. 대원들은 로프가 거의 끊어진 채 내피가 몇 가닥 안 남은 상태로 두 사람을 허공에서 지탱하고 있었던 로프의 잔해를 보며 신기해 했다. 그 로프는 프랑스 B사의 제품이었는데 그 후로 거기 모여 있던 대원들은 아직도 그 제품만을 선호한다는 근거 없는 후일담도 남아 있다. 그때 두 사람을 구조했던 김동관은 현재 이천에서 고구마 농사를 짓고 있는 신동철에게 가끔 전화를 걸어 아직도 그때 일을 이야기하곤 한다.

"야, 너 그때 생각하면 매년 나한테 고구마 한 박스는 보내야 사람의 도리다."

황기룡의 분투 奮鬪

　6월 23일의 사고가 있었던 다음 날부터 열흘간은 마치 하늘에 구멍이라도 난 듯 엄청난 양의 눈이 쏟아지기 시작했다. 베이스캠프는 계속 눈을 치워야만 텐트 사이를 오갈 수 있었고 한국 원정대의 입구 표식처럼 주렁주렁 걸어 놓았던 굴비들도 눈 더미에 묻혀 버렸다. 4,700미터 지점의 베이스캠프가 그럴 정도였으니 5,400미터의 캠프1은 말할 것도 없었다. 이미 캠프1은 심하게 파손되어 버렸던 것이다. 눈은 그칠 기미를 보이지 않았고 결국 안전상 캠프1의 대원들은 6월 26일, 베이스캠프로 철수했다.
　7월 5일에야 대원들은 캠프1로 다시 올라갔는데 다행히 더 이상의 피해는 없었다. 문제는 캠프2였다. 잘 보전되어 있기만을 바라면서 다음 날 올라갔으나 이 예상은 보기 좋게 빗나갔다. 참새 둥지, 캠프2는 참새 한 마리 비집고 들어갈 틈도 없이 완전히 파괴되었다. 눈 더미의 무게 때문에 뭉개진 텐트는 거의 지면에 붙어 있었고 그럭저럭 보수하는 데만도 많은 시간이 걸렸다.

캠프3까지의 길을 뚫는 것은 예상대로 만만치 않았다. 7월 8일, 캠프3 루트 공략 팀인 황기룡, 방정호는 6,600미터까지 진출했지만 마땅히 쉴 곳이 없어 두 뼘밖에 안 되는 테라스 벽에 간신히 서서 숨을 골라야 했다. 그 좁은 공간에서 장비 정리를 하다가 황기룡 대원이 실수로 헬멧을 떨어뜨리고 말았다. 대구에서 열심히 등반 활동을 시작했을 때 제일 친한 친구로부터 선물로 받은 사연이 있는 헬멧이었다. 다른 헬멧도 있었지만 그놈을 쓰고 정상으로 가고 싶어 일부러 챙겨 온 것이었다. 괜히 쌍욕이 튀어나왔다.

바로 위에는 오버행overhang, 90도 이상의 천장으로 이루어진 무척 넓은 침니Chimney, 굴뚝 모양으로 벌어진 틈가 자리 잡고 있었는데 얼핏 보아도 장난 아니었다. 왜 한국보다 뛰어난 실력을 가진 일본 원정대가 두 번의 중앙 서벽 원정에서 세 명의 사상자를 내고 6,500미터까지밖에 진출하지 못했는가를 여실히 알 수 있었다. 발표한 고도의 차이가 나지만 아마도 일본 원정대가 더 이상 진출을 못한 지점은 눈앞에 보이는 해발 6,600미터에 자리 잡은 이곳, 오버행 침니일

두 번째 비박지(7,500미터) 지점으로 올라가고 있는 대원들.

사진 한국 산악회 제공

거라는 생각이 들었다. 결국 날이 어두워지는 바람에 공격조는 다시 아래로 내려와 1미터도 안 되는 테라스 바위벽에 비박용 색을 늘어뜨리고 바람만 막은 채 그 뒤에 쪼그려 앉아 숨을 고를 수밖에 없었다. 잠시 후, 캠프2에서 김동관 대원으로부터 여전히 헬멧 분실 때문에 마음이 무거운 황기룡에게 무전이 날아왔다.

"기룡아, 좋은 소식과 나쁜 소식 두 개가 있는데 어떤 것부터 이야기해 줄까?"

"지금 우울하니까 좋은 소식부터 이야기해 봐요."

"네가 떨어뜨린 헬멧을 망원경으로 보고 있다가 떨어진 지점까지 가서 회수해 왔다."

황기룡의 눈이 커졌다.

"정말요? 고마워요. 그런데 나쁜 소식은 뭐예요?"

"그 헬멧 박살나서 더 쓸 수가 없다."

"……"

황기룡으로서는 별로 재미없는 유머였다. 무전기를 통해 들려오는 김동권의 웃음 소리가 괜히 얄미웠다.

잠시 후 날이 어두워지자 추위와의 싸움이 시작됐다. 침낭도 없었고 다리를 뻗을 수도 없는 그 공간에서 밤새 엄청난 추위와 싸우는 동안 '집 나가면 개고생'이라는 속담이 떠오를 수밖에 없었다.

전날 헬멧 파손 사건 때문에 분노의 에너지가 상승했기 때문일까, 황기룡은 웅크린 채 자고 일어난 그 다음 날 다시 등정을 시작해 전날의 그 어려운 코스를 어이없을 정도로 쉽게 돌파해 버렸다. 밤새 그 넓은 침니 사이로 녹은 눈들이 흘러내리면서 두꺼운 얼음으로 얼어붙으며 아이스 클라이밍이 가능한 코스로 바뀌었던 것이다. 이게 웬 떡이냐 소리치며 황기룡은 일본 원정대가 넘어서지 못한 그 구간을 피켈 두 자루만 들고 얼음을 찍으면서 돌파했다. 전날 잃어버린 헬멧에 대한 분노가 아직 식지 않은 듯 그는 온 힘을 다해 얼음을 향해 피켈을 찍었고 일본 원정대를 히말라야에서 후퇴하게 만든 그 어려운 구간은 황기룡의 분투(奮鬪)에 무릎을 꿇으며 길을 내주었다.

이튿날 유학재가 최병기 대원과 같이 올라와 앞서의 공격조와 교대했을 때에는 그 얼음들이 다 사라지고 난 뒤였고 이미 그 위까지 설치해 걸어 놓은 로프만 보였다.

"야, 황기룡이 이걸 도대체 어떻게 올라갔지?"

바위에 볼트를 박고 인공 등반을 하면 모를까, 한국 최고의 테크니션인 유학재가 보기에도 이 지점을 통과해 올라가는 것은 신체의 능력만으로는 거의 불가능해 보였다. 그러나 인공 구조물을 사용하는 등반, 즉 인공 등반[Aid Climbing]은 히말라야 등반에서 금기시하고 있고 인간 신체의 능력만으로 올라가지 못할 경우에는 오르지 못하

등반 첫날, 전진 캠프를 출발해 캠프1로 향하는 대원들.

사진 한국 산악회 제공

우리는
그곳에
있었다

는 코스로 남겨두는 것이 현대 등반의 정서이자 사조였다.

운이 좋았다. 완전 딴판이 되어 버린 침니 앞에서 유학재는 하루 차이만 났어도 일본 원정대처럼 온갖 방법을 다 시도하다가 후퇴하지 않았을까 하는 생각이 들었다. 어쨌든 황기룡이 깔아 놓은 로프 덕분에 두 사람은 캠프3 아래까지 진출했으나 이미 날이 어두워지고 말았다. 눈 처마가 형성된 부분까지 올라간 유학재는 약간의 고민을 했다. 그곳이 하룻밤을 보내기에 위험해 보이기는 했지만 더 오른 뒤에 어떤 지형이 펼쳐질지 알 수가 없었다. 하는 수 없이 텐트를 치고 하룻밤을 보냈다. 베이스캠프와의 교신을 통해 같은 산인 G4의 스페인 북서릉_{1995년 한국 원정대가 도전했던 루트} 원정대가 정상을 포기하고 철수한다는 연락을 받았다.

다음 날 일어나 보니 바로 위에 드넓

두 번째 비박지인 7,500미터 지점. 넓고 평평한 이곳은
첫 번째 비박지에 비하면 그야말로 아방궁이었다.

사진 한국 산악회 제공

우리는
그곳에
있었다

은 설원이 있었다. 조금만 더 올라가 볼 걸 하는 후회가 들었다. 밤새 텐트가 무너질까 봐 불안에 떨며 보낸 것이 억울했다.

공포의 블랙 타워

결국 유학재와 최병기 두 사람은 7월 12일, 6,800미터 지점에 캠프3을 구축하며 텐트를 쳤다. 두 사람은 '참새 둥지'인 캠프2에 이어 이곳을 '독수리 둥지'로 이름 지으며 G4에 둥지 시리즈들을 만들어 나갔다.

최병기는 원래 2년 전의 원정 때도 대원으로 선발되어 같이 훈련을 하며 호흡을 맞추었다. 그러나 출발 6개월 전 설악산 토왕성 빙벽을 오르다 추락하는 바람에 기회를 놓치고 말았다. 원정대의 막내지만 체격 조건이 좋고 테크닉까지 갖춘 자신감 넘친 그를 유학재는 차세대 리더로 성장시키려는 생각을 가지고 있었다. 그리고 지금까지는 그 기대에 잘 따라와 주고 있었다.

사진 한국 산악회 제공

아찔한 캠프1의 모습. 결국 이곳은 등반 마지막 날 철수시 무너지면서 몇 통의 영상 기록 필름을 분실하는 장소가 되고 만다.

캠프3을 구축하자마자 두 사람은 쉬지 않고 올라가 드디어 1983년 미국 원정대가 G4 중앙 서벽 도전 역사상 최고의 높이까지 진출했던 그곳, 즉 6,900미터 지점까지 올랐다. 그리고 드디어 그들의 눈앞에 최강 미국 팀이 등반이 불가능하다고 결론을 내린 이후 어느 누구도 접근조차 못했던 G4 최고의 난제難題, '블랙 타워'가 펼쳐졌다. 검은색을 띤 수직의 암 빙벽은 대충 보기에도 간담을 서늘하게 만드는 마성魔性으로 가득 차 있었다. 일단은 배낭을 내려놓고 유학재가 베이스캠프와 무전으로 교신했다.

"BC, BC. 여기는 독수리."

"독수리. 여기는 대장이다."

"블랙 타워에 도달했습니다."

"원래 계획대로 오른편으로 돌아 공격하기 바란다. 다시 한 번 말한다. 오른편으로……."

조성대 대장의 뛰어난 기획 능력은 치밀함에 있었다. 그는 평소에 어떤 일을 하든 굉장히 많은 자료를 수집하고 철저한 분석을 하는 완벽주의자였다. 그런 다음 많은 경우의 수까지 대입하고 내린 결론을 신중하게 되짚어 보는 그런 스타일이었다. 그런 그가 내린 블랙 타워의 공격 루트는 미국 팀이 선택했던 길이었다. 1983년 미국 원정대의 보고서에서 사진상으로 확인되는 요철과, 망원경으로 관측한 결과를 바탕으로 내린 결론이었다.

그런데 유학재는 조성대 대장과 정반대였다. 길게 생각하지 않고 그냥 느낌 가는 대로 움직이는 스타일이었다. 단 두 명만의 힘으로 여기까지 올라왔던 막강 미국 팀의 대원들이 과연 누구인가. 1992년, 알래스카 매킨리에서 아깝게 눈사태 때문에 사망했지만 먹스 스텀프Mugs Stump는 아직까지도 미국 산악계가 기억하고 있는 인물이다. 매년 미국에서 최고의 활동을 한 등반가에게 주는 최고의 상賞이 먹스 스텀프 상Mugs Stump Awards이다. 그가 사망했던 1992년 당시 알래스카 매킨리에 조성대 대장과 유학재가 같이 있었다는 묘한 인연도 있었다.

또 이곳을 같이 올랐던 마이클 케네디는 미국을 대표하는 등반가로 현재 산악계 최고의 잡지인 〈클라이밍Climbing〉의 발행인이자 편집장이다. 그의 아들 헤이든 케네디Hayden Kennedy 또한 또 다른 미국인, 슬로베니아인 등반가와 함께 2012년 파키스탄 차라쿠사의 K7 동벽을 초등함으로써 미국 최고의 등반가 집안 내력을 만들어 가고 있다.

경사가 완만한 블랙 타워의 오른편이 등반이 쉬워 보였지만 유학재는 조성대 대장과 의견이 달랐다. 극강의 미국 팀이 오른편 루트를 못 뚫었다면 거기에는 분명 이유가 있었을 것이다. 오른편에는 오래전 미국 팀이 남겨 놓은 것으로 보이는 로프가 위쪽까지 연결되어 있었다. 로프의 마지막이 묻힌 지점이 그들이 올랐던 최고 지점인 듯 보였다. 얼핏 보기에는 경사가 심하지 않아 쉬워 보이지만 대체로 커다란 바위들로 구성이 된 그 코스는 유학재의 판단에는 굉장히 힘든, 어쩌면 불가능할 수도 있는 코스였다. 많은 고산 등반 경험을 통해 그는 큰 바위로 구성되어 있는 루트들은 손을 뻗어 붙잡을 만한 지점들이 없고 그럴 경우 굉장히 힘들어진다는 것을 몸으로 체험한 바 있었다. 유학재는 왠지 아무도 고려하고 있지 않은 왼편으로 자꾸 결단의 무게추가 기울어지고 있음을 느꼈다.

"병기야, 왼쪽으로 가자."

나중에 조성대 대장에게 혼이 날지 모르지만 유학재는 지시를 어기고 블랙 타워의 왼편으로 돌아갔다. 먼저 블랙 타워의 왼쪽으로 돌아간 최병기 대원을 뒤따라가 보니 최병기가 그냥 장승처럼 서서 다가오는 유학재를 멀뚱멀뚱 바라보고 있었다.

"왜 안 가?"

대답이 없었다.

"왜 안 가냐고?"

"저기…… 갈 데가 없는데요."

그때의 상황을 한참 후 최병기는 술자리에서 유학재에게 털어놓았다. 그때까지는 최병기가 계속 앞장서서 올라갔다. 자신감이 넘치고 실력이 뛰어났기에 유학재는 그에게 더 많은 경험을 쌓게 하고자 선등을 시켰던 것이다. 그런데 본인이 선등을 하며 올라왔기에 앞으로도 본인이 오르지 못하면 등반은 실패라는 강박감에 싸였다. 그런 최병기에게 눈앞에 서 있는 바위는 어느 곳으로도 오를 수 없는 불가능한 루트로 보였던 것이다.

'아마 1983년에 미국 팀도 그렇게 결론을 내렸기 때문에 오른편 코스를 선택했겠지? 아, 이 등반도 결국 이렇게 실패로 끝나는 것인가.'

유학재가 나타나기 전까지 그는 그런 생각을 하며 무거워진 마음을 누르고 있었다는 것이다. 그런데 다가와서 위를 잠깐 쳐다본 유학재가 너무도 태연하게 이야기를 꺼냈다.

"왜 안 가? 내 눈에는 올라갈 데가 세 군데나 보이는데……."

유학재의 눈에 등반 가능성이 있는 길이 세 군데 보였다. 맨 좌측의 제일 짧은 급경사의 뻔뻔한 벽, 주먹 하나가 들어갈 만한 틈이 맨 위까지

최병기 대원
_영화 〈우리는 그곳에 있었다〉에서

이어진 중간 코스, 그리고 오른편의 굴뚝 한 면을 떼어낸 것 같은 형상으로 40미터 가량 이어져 있던 오버행 침니 등이었다. 쉽지는 않겠지만 그 세 군데가 다 가능해 보였다. 세 군데의 코스를 설명한 유학재가 최병기에게 질문을 던졌다.

"최병기, 세 군데 중에서 어디로 갈래?"

또 대답이 없었다. 최병기는 그 어느 곳도 오를 수 있는 코스가 아니라고 이미 결론을 내렸던 것이다. 유학재는 속으로 최병기를 선등에 세우는 것은 더 이상 힘들다고 판단했다. 한 번 못 오른다는 판단을 내린 이상 자신감은 이미 사라졌을 것이기 때문이다.

"로프 줘. 내가 갈게."

사진 한국 산악회 제공

1997년 가셔브룸 4봉 중앙 서벽 등정 당시의 모습

사실 1983년의 미국 엘리트 팀이 포기할 정도로 그 어느 곳도 만만한 곳은 없었다. 그러나 인수봉 바위꾼 유학재의 능력은 이곳에서 유감없이 발휘되었다. 그는 왼편의 제일 짧고 경사 심한 벽을 택했다. 다른 두 곳에 비해 비교적 짧기 때문에 쉬지 않고 한 번에 끝까지 오를 수 있을 것 같았다. 그는 숨을 한 번 고르고 평소의 다짐을 다시 한 번 되새겼다.

"겸손하고 안전한 등반…… 겸손하고 안전한 등반……."

마치 무림 고수가 장풍을 쏟아내기 전 공력을 집중하듯이 그는 잠시 눈을 감고 모든 정신을 한곳으로 모은 뒤 손을 뻗고 발을 올려 그 수직의 벽을 오르기 시작했다. 유학재는 어릴 때부터 주위에서 평형감각을 잡아 주는 세반고리관이 하나 더 달려 있다는 이야기를 듣고는 했다. 그만큼 그의 균형감각은 타고난 것이었다. 하지만 해발 6,900미터에서 만난 이 급경사의 구간은 극도로 신중해야만 했다. 중간까지 올라갔을 때 그는 가능하든 불가능하든 이미 물릴 수 없는 게임이라는 것을 느꼈다. 살아남기 위해서는 끝까지 올라가는 이외에 다른 방법이 없었던 것이다. 손끝, 발끝에 온 신경을 끌어 모았다. 그리고 드디어 아직 지구상의 어느 누구도 발을 딛지 못한 그 구간을 돌파했다!

유학재와 최병기가 블랙 타워를 돌파했다는 소식이 전해지자 베이스캠프의 대원들은 모두 들떴다. 하지만 그렇다고 해서 다 끝난 것은 아니었다. 그곳부터는 지구 역사 이래 최초로 인간이 발자국을 찍는 구간이었다. 무엇이 나올지 어떤 상황이 닥칠지 아무도 알 수 없었다. 두 사람은 한 피치를 더 올라갔고 로프를 묶어 놓은 뒤 캠프3 독수리 둥지로 내려왔다.

다음 날 아침, 최병기는 꿈에 어머니가 보였다면서 컨디션 난조를 보였다. 아마도 전날 그 구간을 본인이 돌파하지 못했다는 사실 때문에 충만했던 자신감이 상실되어 심리적으로 위축된 것일 수도 있었다. 결국 최병기는 하산을 했다.

유학재는 1995년과 똑같은 말을 무전을 통해 날렸다.

"야, 정상 가고 싶은 놈 다 올라와."

그날, 결국 컨디션이 허락하고 정상 등정 의지가 불타는 대원들이 하나둘씩 캠프3으로 올라오기 시작했다. 첫날은 황기룡이 올라와 유학재와 계속 등반 루트를 만들어 나갔고 다음 날은 김동관과 황영순이 올라왔다.

고등학교 때 동네 선배들의 꼬임에 넘어가 북한산에 올라갔다가 사람들이 인수봉을 올라가는 것을 보고 산을 다니기 시작한 황영순은 1995년 원정 때의 대원이기도 했다. 2년 전 등정 실패에 대한 아쉬움이 있었던 그는 의지를 불태우며 캠프3으로 올라왔으나 고소증세가 심해져 하산해야만 했다.

방정호 대원
_영화 〈우리는 그곳에 있었다〉에서

해병대에서 군복무 시절 강화도 마니산을 올랐다가 신내림 같은 새로운 느낌을 받게 되어 산을 다니게 된 김동관은 해외 원정이 처음인 대원이었다. 그날 밤 캠프3에서 잠을 청하며 김동관은 자신이 여기까지 올라온 것이 신기하다는 생각을 했다. 그저 초보 대원으로서 시키는 일만 묵묵히 할 생각이었는데 6,800미터의 캠프3까지 올라오자 정상을 밟고 싶다는 인간적인 욕심이 생기는 것은 어쩔 수 없었다.

다음 날 방정호 대원까지 캠프3으로 올라오자 마지막 공격조는 유학재, 김동관, 방정호, 황기룡 네 명으로 구성되었다.

연이어 다른 원정대의 등반 결과들이 베이스캠프로부터 무전을 통해 속속 전해져 왔다. 대부분이 그해 유난히 많은 등정을 시도했던 스페인 원정대의 소식들이었다.

첫 뉴스는 스페인 카를로스 형제의 브로드 피크 등정 소식이었다. 그들은 서릉을 초등하려고 했으나 결국 포기하고 노멀 루트_{대상지의 가장 일반적인 코스}를 통해 등정했다. 그러나 동상이 심해져 헬기를 동원해 하산 중이라는 소식이었다. 엄홍길이 스페인 바스크 원정대의 대원으로 가셔브룸 2봉에 오름으로써 가셔브룸 1봉에 이어 연속 등정에 성공했다는 기분 좋은 소식도 들려왔다. K2 원정대 역시 스페인 원정대였다. 그들도 한국 원정대처럼 눈사태를 맞아 장비와 식량을 모두 잃어버렸는데 그 여파로 결국 등반을 포기하고 철수한다는 소식이었다.

이후 한국 원정대는 철수하는 다른 원정대들로부터 많은 식량과 장비들을 구입하거나 기증받았다. 눈사태 이후에 걱정이 쌓였던 조성대 대장은 여러 가지 면에서 한시름 놓을 수 있었다.

멀고 먼 정상

7월 16일, 공격조의 네 사람은 정상으로 이어지는 능선의 200미터 아래까지 진출했으나 그곳에서 제트 기류를 만나고 말았다. 시속 120킬로미터가 넘는 추위를 동반한 엄청난 강풍 속에서 웅크린 채 날아가지 않기만을 바라며 네 시간을 버텨야 했다.

김동관 대원이 버티기에 제일 좋은 자리를 선택한 것 같았다. 남의 떡이 커 보였던 유학재가 이렇게 저렇게 꾀며 자리를 바꾸어 보려 했지만 그는 넘어가지 않았다. 치사한 놈이라고 유학재가 연신 중얼거리는 동안 또 사고가 터졌다. 언제나 앞장서길 좋아해 선두에 섰던 황기룡 대원은 제트 기류가 몰아치기 시작할 때 몸을 숨길 마땅한 장소를 찾지 못했다. 그래서 로프를 이용해 잠시 내려와 있

우리는
그곳에
있었다

으려고 하강을 했는데 로프를 지지하던 하켄이 빠지며 추락한 것이었다. 그 바람에 엉덩이뼈에 손상이 간 듯 보였고 전부터 좋지 않았던 손가락과 엄지의 동상이 추위를 견디지 못하고 심하게 재발하기 시작했다.

"기룡아, 억울하겠지만 하산해라. 온전하게 살아남는 등반이 최고의 등반이야."

더 이상의 부상이 걱정되던 유학재가 그에게 하산을 권유하며 설득하기 시작했다. 정상을 눈앞에 두고 황기룡은 너무나도 착잡했다. 그는 원정대 내에서 힘든 일이 있으면 언제나 앞장서며 정상 등정에 대한 의지를 불태웠다. 본인의 의지로는 이까짓 엉덩이뼈 부상이나 동상 따위는 정상과 맞바꿀 수 있을 것 같았다. 그러나 고집을 피우다 자신 때문에 다른 동료들이 위험해질 수도 있다는 생각 때문에 눈물을 머금고 하산할 수밖에 없었다.

황기룡은 그의 안전한 귀환을 위해 캠프 2까지 올라온 우찬성 대원과 함께 캠프1을 거쳐 다음 날 베이스캠프로 내려갔다. 동상의 여파로 손발이 퉁퉁 부었으나 다행히 물집이 생기는 2차 증상으로는 발전하지 않았고 추락으로 인한 엉덩이뼈 부상도 크

우찬성 대원
_영화 〈우리는 그곳에 있었다〉에서

게 심하지는 않았다. 정상을 눈앞에 두고 하산해야 했던 그때의 아쉬움을 그는 3년 후인 2000년, K2를 등정함으로써 풀었다.

황기룡이 내려간 이후 세 명은 등반을 계속했다. 인간으로서 처음 오르는 곳이라는 경외감도 있었지만 정보가 전혀 없었기 때문에 앞으로 무엇이 펼쳐질지 몰라 판단하기가 힘들었다. 가장 힘든 것은 잠잘 곳을 선택하는 일이었다. 결국 평평한 지역이라고는 손바닥 한 뼘만큼의 땅도 없는 열악한 상황의 해발 7,400미터에서 첫 번째 비박을 했다. 식사 시간에도 안전을 위해 각자 확보를 해야 했을 정도로 마음에 들지 않는 장소였다. 한 사람의 엉덩이조차 비빌 수가 없어 세 사람은 5미터 정도씩 떨어져서 앉은 자세로 잠을 청해야 했다.

김동관 대원은 캠프3에서 출발하기 전 짐의 무게를 줄이고자 침낭을 빼고 우모복을 선택했다. 등반 중의 추위를 견디기 위해서는 그 편이 나을 것이라는 판단을 했던 것이다. 덕분에 제트 기류를 만났을 때에나 휴식을 취할 때 도움이 되었지만 비박을 하자니 견디기가 쉽지 않았다. 내일 밤은 더 추울 텐데⋯⋯ 이 정도쯤이야, 하는 생각으로 버티는 수밖에 없었다.

다음 날 베이스캠프와의 무전을 통해 100여 미터 위에 넓고 평평한 좋은 비박지가 있다는 이야기를 듣고 목표를 그곳으로 정했다.

7,400미터의 비박지에서 자고 일어나는 유학재 부대장.

길지 않은 거리였으나 첫 번째 비박 장소 위쪽부터 이어지는 경사 70도의 암 빙벽은 대원들을 지치게 만들었다. 오를수록 산소가 부족해지는 상황에서 손가락 하나 까닥하는 것도 힘겨웠다. 커다란 등반용 이중 신발에 무거운 아이젠까지 걸어 놓은 하체는 심한 경사의 벽 위에서 계속 헛다리 춤만 추게 만들었다.

코스는 다르지만 이곳 가셔브룸 4봉의 서벽 등정을 최초로 시도했던 폴란드의 보이텍 쿠르티카는 "등반은 고통을 참아 내는 기술이다"라고 이야기했다. 그 절절한 말씀에 웃으면서 공감을 보낼 수 있는 것은 평지에 두 발을 딛고 서 있을 때다. 지금처럼 머리가 하얗고 심장이 터져 버릴 것 같은 순간에는 공자님 말씀도 들어올 리가 없었다.

100미터 고도를 간신히 올라가 보니 베이스캠프에서 전해 준 대로 7,500미터 지점의 비박 장소는 첫 번째에 비하면 그야말로 아방궁이었다. 그러나 현저히 줄어든 산소 때문인지 세 사람은 온몸이 몽둥이로 얻어맞고 있는 것처럼 저려오기 시작했다. 말을 하는 것조차 힘이 들어 세 사람 간의 대화는 현저히 줄어들었다. 말이 많은 편인 유학재의 입도 닫혔고 평소의 버릇인 중얼거림도 사라졌다.

드디어 정상을 오르기 전의 마지막 밤을 맞았다. 해가 지면서 노을에 물드는 히말라야의 모습은 그야말로 장관이었다. 너무나 아름다운 그 광경을 넋이 빠진 채 바라보다가 방정호가 마지막으로 누

두 번째 비박지로 향하는 유학재 부대장. 고소의 고통으로 얼굴이 일그러져 있다.

우며 침낭으로 들어갔다. 고소 때문에 얼굴이 퉁퉁 부은 방정호의 별명은 '불량 감자'였다. 육군 특수부대인 특전사 하사관으로 전역했던 방정호는 전역 후 강원도로 놀러 갔다가 아름다운 풍광에 매료되어 그곳에 눌러앉았다. 그곳의 산악회에서 활동을 하던 그는 한국산악회 강원지부 출신으로 가셔브룸 4봉 원정대원으로 선발된 후 다른 대원들로부터 '감자'라는 별명을 얻었다. 그런데 대원들이 원래 그가 호남 출신이었다는 걸 알게 되면서 '불량 감자'라는 다른 종류의 감자가 되었던 것이다. 어쨌든 불량 감자 방정호는 맨 처음 자신을 매료시켰던 강원도의 산들처럼 아름다운 산에 올라온 것이 너무나도 벅찼다.

7월 18일, 드디어 정상으로 향하는 마지막 날이다. 새벽 3시 반에 일어나 배낭도 내려놓고 필요한 장비만 몸에 걸친 뒤 출발했다. 여전히 경사는 70도에 가까웠다. 설사면을 300미터 정도 오르자 베이스캠프에서 망원경으로 바라보며 '악마의 눈썹'이라고 이름을 지은 곳에 이르렀다. 바위와 얼음이 눈썹처럼 비스듬히 꼬부라지며 섞여 있는 지점이었다. 그 악마의 눈썹을 넘어서면서 김동관이 가쁜 숨을 몰아쉬며 베이스캠프의 망원경으로 세 사람을 지켜보고 있을 조성대 대장과 교신을 시도했다.

"여기는 독수리, BC 카피."

"BC, 대장이다, 이상."

"현재 위치에서 정상까지 루트 파인딩 부탁합니다."

"현재 위치에서 1시 방향의 바위를 돌아서 정상까지 약 300미터. 설사면 각도는 완만하고 정상 리지까지 100미터 정도로 관측이 된다, 이상."

"현 위치에서 설사면 따라 직등해서 우측으로 이어지는 길로 올라가겠습니다. 이상."

그 지점부터는 설사면이 얼어붙지 않아 허리까지 올라오는 눈 더미들을 헤치고 나아가야 했다. 12시 26분, 세 사람은 정상으로 이어지는 능선에 올라섰다. 얼마나 힘들었던지 생전 욕이라고는 할 줄 모르는 것처럼 보이던 김동관의 입에서 저절로 욕이 튀어나왔다. 본인이 내뱉고 있는 것이 욕인지 무엇인지 잘 모르고 있는 것 같았다. 얼마 뒤 김동관은 능선을 따라 이어져 있는 여러 개의 봉우리 중 가장 높은 세 번째 암봉 아래로 접근해 하켄을 박은 다음 숨을 골랐다. 잠시 후, 유학재가 뒤를 이어 올라왔다.

"얘들아, 수고했다."

"형, 이 바위 위가 정상이지요?"

유학재가 올려다보니 바위가 수직으로 3미터 정도 뻗쳐 있었고 그 위에 동쪽으로 위험스럽게 형성된 2미터 정도의 눈 처마가 있었다. 돌아 올라갈 수 있으면 모를까 굳이 3미터를 더 올라 수직으로

가셔브룸 4봉
ⓒ Patrick Poendl

우리는
그곳에
있었다

올라섰다가 그 위에 쌓인 눈 처마가 무너지면 필요 없는 사고를 자초할 수도 있겠다는 생각이 들었다. 유학재는 베이스캠프와 교신을 하고 정상의 상황을 설명했다.

"수직으로 뻗은 바위의 상황이 그렇다면 거기가 정상이야. 위험한 시도는 하지 말고 거기서 마침표 찍어."

결국 그곳이 도달할 수 있는 마지막 지점이었던 것이다. 공격조는 그곳에서 진하게 껴안은 뒤 사진을 찍었다. 1997년 7월 18일 2시 27분, 한국 원정대에 의해 G4 중앙 서벽에 최초로 루트가 만들어진 순간이었다.

주위를 둘러보았다. 바람조차 없는 고요한 산 정상에는 아무것도 없는 것처럼 보였다. 그러나 그곳에는 우리가 있었다. 한없이 외롭지만 미치도록 자유로운 우리가 있었다. 그 루트의 이름은 조성대 대장의 계획에 의해 차례차례 만들어져 온 다른 초등 루트와 똑같이 '코리안 다이렉트Korean Direct'로 명명되었고 얼마 후, 아메리칸 알파인 저널에 공식적으로 기재가 되며 확실한 호적을 남기게 되었다.

우리는
그곳에
있었다

사라진 친구를
해발 7,200미터에서 만나다

정상에 올랐다는 소식에 제일 기뻐했던 사람은 두말할 필요도 없이 조성대 대장이었다. 당연히 샴페인을 터뜨려야 했지만 조 대장은 꽹과리와 나팔은 나중에 불기로 했다. 그는 이미 전날 허긍열과 신동철을 캠프3으로 올려 보냈다.

고산에서의 사고는 대개 하산 중에 발생한다. 이미 체력을 소진하여 탈진 상태가 오기 때문에 집중력이 떨어질 가능성이 많다. 이럴 때 발생하는 사고는 대개 치명적이다. 그렇기 때문에 미리 캠프3에 올라간 대원들이 정상에서 내려오는 세 사람의 짐을 받아 챙긴 뒤 내려오면서 캠프3, 캠프2의 텐트, 장비들을 수거하고 철수하도록 준비를 해 놓았던 것이다. 조성대 대장다운 준비였다. 건배는 그렇게 모든 대원들이 안전하게 베이스캠프로 귀환한 후에 해도 늦지 않았다.

정상에서 하산을 시작한 세 사람은 최대한 신중을 기했다. 그런데 아니나 다를까 악마의 눈썹을 내려올 때 다리가 풀린 방정호가 설사면에서 넘어지며 미끄러지기 시작했다. 그 짧은 순간에 오만 생각이 머리를 스쳤다. 70도의 경사면을 타고 떨어지던 방정호는 다행히 정신을 차리고 온 힘을 다해 균형을 잡으며 간신히 몸을 돌려 멈출 수 있었다. 두 다리 사이로 그와 함께 쓸려 내려가던 자동차 서너 대 분의 눈 더미들이 절벽 아래 공중으로 흩어지는 것이 보였다. 한 줄기 땀이 뒷덜미로 흘러내렸다.

"야, 불량 감자. 괜찮아?"

"……."

유학재는 한 번에 캠프3까지 가려던 계획을 수정했다. 지금까지는 정신력으로 버텼지만 방정호가 줄 없이 해발 7,800미터에서 번지점프를 할 뻔한 이후 생각을 고쳐먹은 것이었다. 그들은 마지막 비박지인 '아방궁'으로 돌아와 하루를 더 비박했다. 캠프3에 허긍열과 신동철이 와 있다는 소식을 듣고 다음 날 그들에게 건네줄 짐도 따로 챙겨 분류했다. 마지막에 촬영한 사진 필름들도 조그만 배낭에 따로 챙겼다.

날이 저물기 시작했다. 노을이 파키스탄 히말라야의 침봉들 뒤로 아름답게 빛나고 있었다. 어제보다 아름다웠다. 그리고…… 아름답고 또 아름다웠다. 이곳 가셔브룸 4봉에 온 이후로 가장 여유로웠다. 잊지 못할 저녁 시간이었다.

다음 날 정상 등정을 했던 세 사람은 정상까지 오르는 동안 하산을 위해 미리 설치해 놓은 로프에 몸을 의지한 채 하강을 시작했다. 김동관, 방정호가 먼저 내려가고 유학재가 가장 마지막에 내려갔다. 유학재는 하산을 하며 2년에 걸친 가셔브룸 4봉 원정이 좋은 결과를 맺은 것에 대해, 또 모두가 무사한 것에 대해 감사했다.
"이제 정말 끝났다. 베이스캠프에 도착하면 무엇부터 할까?"
그런데 가셔브룸 4봉에서의 이야기가 아직 남아 있었다. 7월 19일, 하산을 하던 유학재는 7,200미터 지점에서 녹아내린 눈 위로 드러난 무언가를 발견하고 다가갔다. 가까이 다가갈수록 그 형체는 점점 분명해졌다. 누군가가 파란 배낭을 메고 편안하게 엎드려 있었다. 몸의 절반은 눈 속에 묻혀 있었다. 이미 육신의 형체가 사라진 듯 절반의 몸은 헐렁해진 옷에 덮인 채 눈 위로 드러나 있었다.
그는…… 2년 전 사라진 슬라브코였다!

1995년 6월, 슬로베니아의 등반가 슬라브코 스베티취치는 엄청

7,200미터 지점에서 발견된 슬라브코의 주검.
작은 사진은 가까이에서 캠코더로 찍은 것이다.

우리는
그곳에
있었다

사진 한국 산악회 제공

난 등반 능력을 선보이며 한국 원정대 앞에 나타났다. 그는 그 당시 이미 일본 원정대가 넘지 못한 6,500미터 지점과 미국의 최정예 원정대가 '인간이 올라가는 것은 불가능하다'며 돌파하지 못했던 6,900미터 지점들을 다 해결하고 이곳 7,200미터까지 알파인 스타일의 단독 등반으로 올라왔던 것이다. 날씨가 따뜻해지면서 시신 위에 쌓여 있던 눈이 녹아내리는 바람에 드러난 모양이었다.

2년 전 그 당시의 상황이 떠올랐다. 아마도 이곳까지 올라온 그는 눈 폭풍 속에서 하산하라는 토마스 대장의 무전을 받았을 때 이미 식량과 연료가 다 떨어졌을 것이다. 그러나 정작 그를 죽음으로 몰고 간 것은 한치 앞도 볼 수 없는 화이트 아웃이었던 듯했다. 위치 감각과 균형 감각을 모두 잃게 하는 화이트 아웃 상태에서 탈진한 그는 결국 이곳에서 죽음과 가까워지며 혼자서 쓸쓸히 의식을 잃어 갔던 것이다.

날씨가 좋았다면 분명 세계 등반 역사에 또 다른 획을 그으며 성공했을 도전이었다. 유학재는 그 대단했던 등반가에게 묵념으로 경의를 표한 뒤 그가 지녔던 로프를 10여 미터 정도 잘랐다. 조성대 대장을 통해 그가 아직도 슬로베니아에서 사망이 아닌 실종으로 처리되어 행정상 많은 문제가 있었다는 이야기를 들은 기억이 났기 때문이다. 나중에 그의 로프를 유품이자 증거로 보내 그의 죽음을 둘러싸고 얽힌 문제들을 해결해 주려는 의도였다.

그 시간에 이미 김동관과 방정호는 캠프3에 다다랐다. 허긍열과 신동철이 캠프3의 텐트를 걷고 철수 준비를 하고 있는 것이 보였다. 네 사람은 얼싸안고 등정 성공의 기쁨을 나누었다. 두 사람이 공격조의 짐을 받아 챙기자 김동관과 방정호는 서둘러 하산 길에 올랐다.

유학재는 먼저 내려간 두 후배를 따라 가장 뒤에서 하강을 하고 있었다. 급격히 올라간 기온 때문에 여기저기서 낙석이 비 오듯 쏟아지고 있었다. 낙석을 피해 가며 몇 피치를 하강했을 때 그는 난감한 상황과 맞닥뜨리고 말았다. 하강을 위해 미리 설치해 놓았던 로프가 떨어지는 낙석을 맞아 끊어져 있었던 것이다. 그 아래는 허공에 가까웠다. 제아무리 등반의 귀재라는 유학재도 그곳을 신체의 능력만으로 내려갈 방법은 없었다.

로프는 김동관과 방정호가 내려간 직후에 낙석을 맞아 끊어진 것 같았다. 다시 올라가서 다른 내리막길이 있을까 싶어 주위를 열심히 돌아다녀 보았지만 주변은 모두 절벽이었다. 무리하게 행동했다가는 사고로 이어질 것이 뻔했다. 무전기도 김동관이 가지고 내려갔기 때문에 베이스캠프에 연락할 방법이 없었다. 갑자기 막막해졌다. 바위틈에 앉아 냉정하게 생각해 보았다.

'혹시 내가 곤란한 상황에 처해 있다는 것을 알아차린다고 해도 그것은 내가 해질녘까지 캠프3에 도착하지 않았다는 사실을 알고 난 이후일 것이다. 구조를 펼친다고 해도 그 다음 날부터 시작될 것이고 캠프3까지 허긍열과 신동철이 올라와 있지만 그들은 동상이 심해서 이곳까지 올라오는 것이 힘들 수도 있다. 베이스캠프에서 구조대를 편성하여 올라오려면 며칠이 걸릴지도 모른다. 식량도 없어 체력을 회복하기도 힘들다. 그 사이에 날씨가 갑자기 변해서 폭풍이라도 온다면……'

임기응변의 귀재답게 모든 방법을 다 떠올려 보았지만 그럴수록 머릿속이 복잡해지기만 했다. 한참 동안 끊어진 로프를 바라보던 유학재의 머릿속에 갑자기 번개같이 무언가가 떠올랐다.

'슬라브코의 로프!'

그는 급히 배낭을 열어 슬라브코의 유품으로 챙겨 온 그 로프를 꺼냈다.

"정말 땡큐다, 땡큐, 슬라브코!"

유학재 부대장이 챙겼던 슬라브코의 로프
이 로프 덕분에 유학재 부대장은 위험한 상황에서 벗어날 수 있었다.
_영화 〈우리는 그곳에 있었다〉에서

그는 등반하느라 쉴 대로 쉰 목소리로 중얼거렸다. 절단된 부분을 슬라브코의 로프로 이었다. 로프는 10여 미터의 허공을 지나 아래쪽 바위까지 거의 닿았다. 2년 동안 눈 속에 묻혀 있었던 슬라브코의 로프는 별 탈 없이 유학재의 몸무게를 잘 견디어 주었고, 위기에 빠진 그를 구조해 주었다.

"치사한 놈들!"
선배가 어떤 상황에 처했는지도 모르고 부리나케 하산한 후배들이 야속했다. 오래지 않아 캠프3에 도착한 유학재는 짐을 철수조에게 넘기고 계속 하강했다.

캠프1에 도착해 보니 지형이 많이 변해 있었다. 그동안 온도가 올라가면서 눈들이 녹아 내렸는데 그 바람에 여기저기에서 크레바스가 드러난 것이었다. 수많은 크레바스들이 캠프1 주위에 도사리고 있었는데도 전혀 모르고 지냈던 것이다. 그동안 대원들 중 단 한 명도 저 크레바스 안으로 빨려 들어가지 않은 것은 천운이었다. 이번 등반은 정말 여러 번 하늘이 도왔다는 생각이 들었다.

그러나 몇 시간 뒤 캠프1 철수조인 황영순, 최병기, 우찬성 등이 캠프1의 텐트를 걷자마자 텐트를 쳤던 자리가 무너지며 크레바스로 빨려 들어가는 위험한 상황이 발생했다. 하루를 더 지체하면서 텐트에서 잠을 잤더라면 큰 사고로 이어질 뻔했던 아찔한 상황이었다. 결국 마지막으로 철수하던 날, 그동안 활보하던 캠프1 주변에서는 안전지대 표식을 따라 모두 기어다닐 수밖에 없었다.

그날 정상 등정조가 하루 동안 하강을 한 높이만 2,500미터였다. 유학재가 오후 5시, 베이스캠프에 도착했을 때는 허리가 끊어지는 줄 알았을 정도였다.

유학재가 도착하자 모두 나와 등정 축하 인사들을 건넸다. 그는 대원들 앞에 슬라브코로부터 가져온 자일을 꺼내며 그날 겪었던 일을 들려주었다. 그야말로 놀라운 이야기가 아닐 수 없었다.

2년 전 실종된 슬라브코가 유학재 앞에 나타난 것이 단지 우연이었을까? 슬라브코가 누워 있던 자리는 한국 원정대가 블랙타워를 돌파한 이후로 정상 루트를 뚫기 위해 계속 오르락내리락하던 길목이었다. 만약 정상으로 가기 위해 오르내릴 때 슬라브코의 시신이 드러났다면 어떻게 되었을까? 유학재를 비롯한 정상 공격조였던 나머지 대원들은 입을 모아 똑같은 이야기를 했다. 옆에 놓인 시신을 보며 오르내렸더라면 체력이 거의 다한 상황에서 사기가 꺾여 정상 등정을 할 수 없었을지도 모른다고.

　슬라브코는 절묘한 타이밍에 맞추어 나타났다. 유학재는 하산 길에 나타난 슬라브코의 시신에서 그의 유품을 챙겼다. 그러나 결과적으로 유학재가 유품을 챙긴 것이 아니라 슬라브코가 나타나 생명줄을 건넨 상황이 되었다.

　어쩌면 그가 정말로 가서 브룸 4봉의 수호신이 되었던 것은 아닐까? 2년 전 생을 마감한 그를 위해 정성스럽게 추모 동판까지 만들어 추모식을 벌이고, 또 다시 찾아와 그에게 한국식으로 제祭를 지내 준 한국 원정대에게 보

1997년 두 번째 가셔브룸 4봉 원정 때
캠코더로 찍은 슬라브코의 추모 동판
_영화 〈우리는 그곳에 있었다〉에서

답한 것은 아니었을까?

어쨌든 한국 원정대는 슬라브코라는 뛰어난 등반가의 넋을 기리며 철수 전에 다시 한 번 추모식을 치렀다. 한국 원정대는 그의 영혼이 그 후로도 가셔브룸 4봉을 등반하는 모든 산악인들의 안전을 지키는 수호신 역할을 해 주리라 믿으며 그곳을 떠났다. 지금 현재까지도 슬라브코의 동판은 1995년의 그 모습 그대로, 그 자리에 걸려 있다.

우울한 해단식

그동안 가셔브룸 4봉 원정대는 등반 기간 동안 수없이 많은 사고를 당했다. 등반 초기 문상호 대원은 고소 적응을 하기도 전에 캠프 2 구간에서 낙석과 얼음에 맞아 어깨를 심하게 다쳤다. 어느 정도 회복을 한 후 캠프2로 출발했으나 비슷한 지역에서 또 어깨에 낙석을 맞아 등반이 거의 불가능해짐으로써 G4 원정대의 멤버 중 가장 불운한 인물이 되었나.

유학재 역시 낙석에 얼굴을 맞아 실명할 뻔했지만 튼튼한 고글 덕분에 위기를 넘겼다. 나중에 후원사였던 O사는 그 이야기를 듣고 박살난 고글을 광고에 쓰려 했으나 이미 유학재가 폐기 처분한 뒤였다. 눈사태로 인해 전진 캠프가 붕괴되는 사고만이 아니라 그동

문상호 대원
_영화 〈우리는 그곳에 있었다〉에서

안 눈사태로 인해 입은 피해는 셀 수도 없을 지경이었다.

절벽 끝에 매달린 채 로프의 몇 가닥 내피에 목숨을 의지해야 했던 신동철, 황기룡의 구사일생과 캠프1 지역의 크레바스가 함몰하면서 일어난 사건 외에 대원들 대부분은 기본적으로 몇 차례씩은 낙석에 맞는 경험을 했고 동상으로 고생했다. 크고 작은 사건과 사고가 나열할 수 없을 정도로 계속 이어졌다. 나중에 웬만한 것은 보고서에 기록도 하지 않을 정도였다.

그리고 철수 작업을 하던 날 마지막 사고가 터졌다. 7월 19일, 정상 등정조를 지원하기 위해 6,800미터의 캠프3까지 올라갔던 허긍열과 신동철은 정상에서 내려오는 세 사람의 짐을 받아 챙겼다. 정

캠프2에서 크레바스가 붕괴되던 사고 당시를 표현한 그림
ⓒ 박주원

상에 올라가느라 힘이 다 빠진 등정조의 짐을 가볍게 해 주어 안전한 하산을 도우려는 의도였다. 그들은 또한 캠프3와 캠프2의 철수 작업도 했다. 그런데 6,100미터의 캠프2로 내려와 텐트를 걷는 등 철수 작업을 하고 있을 때였다. 신동철은 등반로 쪽에 서서 짐을 정리하고 있었고 허긍열은 참새 둥지처럼 튀어나온 부분에서 캠프2의 텐트를 거두고 있었다. 잠시 뒤 아래쪽에서 마치 오랫동안 닫혀 있던 철문을 억지로 여는 것 같은 파열음이 들리기 시작했다. 이상한 조짐에 신동철이 고개를 돌리자 몇 초 전까지 눈앞에 보였던 모든 장면이 순식간에 밑으로 꺼져 내렸다. 조금 전에 있던 허긍열의 모습은 잔상만 남았다. 캠프2와 허긍열이 있던 그 자리에는 뻥 뚫린

우리는
그곳에
있었다

허공 뒤로 멀리 발토로 빙하의 모습이 대신 들어서 있었다. 캠프2를 받쳐 주고 있던 지지 기반이 통째로 무너진 것이었다. 천길 낭떠러지 아래로 일부 짐들과 텐트가 빨려 들어가는 것이 보였다.

"긍열이 형!"

잠시 뒤 정신을 차린 신동철이 엎드리며 아래쪽을 향해 소리를 질렀다. 다행히 허긍열은 등반로 쪽으로 박힌 하켄에 로프와 연결되어 있어서 3미터 정도를 추락한 뒤 매달려 있었다. 성공적으로 등반을 끝낸 뒤 철수하는 날 마지막으로 벌어진 대형 사고였다.

1997년 그들의 등반은 그렇게 끝이 났다. 해외에서는 새로운 루트 '코리안 다이렉트'를 개척한 그들의 등반에 많은 찬사를 보냈고 세계적으로 유명한 미국의 산악 잡지 〈알피니스트〉에서는 코리안 다이렉트를 조명하고자 그동안의 가셔브룸 4봉 등반 역사를 다루는 특집을 마련하기도 했다.

'인간은 올라갈 수 없는 길'이라고 했던 가셔브룸 4봉 중앙 서벽에 새로운 루트를 뚫은 원정대가 한국에서도 대접을 받았을까? 아니다. 오히려 한국에서는 그들의 성공을 환영하지 않았다. 한국 산악계 일부에서는 의심과 시기의 눈초리로 그들을 쏘아보았다. 해발 7,925미터의 가셔브룸 4봉 중앙 서벽에 새로운 루트를 개척하며 정상을 등정한 세 사람은 3미터 정상 바위 위에 얹힌 2미터 길이의 눈 처마 때문에 굳이 그곳을 오르지 않았다. 어떤 나라의 원정대에게도 그러한 상황이 시빗거리가 된 적은 없었다. 그런데 유독 국내 산악계만큼은 그 부분에 대해 목소리를 높이는 사람들이 있었다. 정상 등정이 아니라는 이야기였다. 기가 막힐 노릇이었다.

마지막 철수하던 날, 캠프2가 붕괴면서 소실된 짐 중에는 정상에서 내려오던 유학재가 캠프3에서 허긍열에게 넘긴 조그만 배낭도 포함되어 있었다. 그 배낭에는 정상 부근에서 촬영을 했던 필름 10여 통이 들어 있었다. 결국 정상 등정을 사진으로 증명할 길은 없었던 것이다. 하지만 베이스캠프 현장에 있었던 파키스탄 정부 연락관 등이 망원경으로 그들이 정상에 등정했음을 확인했고 파키스탄 정부에 의해 공식적인 등정으로 기록되었다. 그러나 국내에서는 한번 침을 튀기기 시작한 사람들이 재미가 들렸는지 시비가 끊이지 않았다. 목숨을 걸고 가셔브룸 4봉 서벽에 최초의 루트를 만든 것이 비난받을 만한 일이란 말인가. 가셔브룸 4봉 원정에 나섰던 그들은 이렇게 이야기하고 있다.

"별안간 거짓말쟁이가 되고 만 우리는 상처를 받았다. 주위에서 반론을 펴라고 권유했지만 그러지 않았다. 우리는 누군가와 등정 시비를 가리기 위해 산을 오른 적이 없다. 대단한 기록을 남기기 위해 산을 오른 적도 없다. 개인적인 명예나 영화를 위해 오른 적은 더더욱 없다. 하지만 우리는 분명히 정상에 올랐다. 무슨 더 이상의

가셔브룸 4봉. 붉은색 선은 1997년 한국 원정대가 세계 최초로 뚫은 중앙 서벽 루트를 표시한 것이다.

사진 한국 산악회 제공

말이 필요하겠는가."

　사진을 찍은 필름들은 유실되었지만 그들이 아침나절, 등정 직전 몇 분 전까지 촬영을 했던 비디오테이프는 남아 있었다. 등정까지의 시간이 부족한 것도 아니었고 정상까지의 나머지 구간이 어려운 것도 아닌 상황, 거기에다 날씨까지 쾌청했다. 불가능하다고까지 이야기되었던 힘든 구간을 다 마치고 정상 능선까지 올라온 원정대가 정상에 가지 않을 이유가 있겠는가.

　그들은 사진 대신 그 영상들을 일일이 보여 주며 반론을 제기할 수도 있었다. 하지만 그러지 않았다. 너무 유치한 싸움인 것 같아서였다.

　하지만 의심의 눈초리로 바라보는 내부의 비난은 참을 수 없었다. 한국산악회 내에는 성격이 직선적이고 원칙을 중요시하는 조성대 대장을 그다지 반기지 않는 사람들이 많았다. 외부의 시비에는 신경을 끌 수 있었지만 같은 공동체 내에서 시비를 가리는 상황은 참기 힘들었다.

　첫 번째 시비는 원정에 들어간 자금에 대한 것이었다. 도대체 어디에서 나온 이야기인지는 알 수 없지만, 조성대 대장이 자금을 유용했다는 이야기가 돌아다녔다. 한국산악회의 이름만 걸었을 뿐 원정에 들어간 자금은 한국산악회의 공식적인 후원을 받은 것이 아니었다. 오히려 한국산악회 내에서는 처음부터 무모한 도전이며 한

번 도전했다가 실패한 곳을 왜 또 다시 가느냐는 분위기가 팽배해 있었다. 그런 분위기가 섭섭하지 않을 수 없었겠지만, 조성대 대장은 단 한 번도 속내를 비친 적이 없었다. 원정에 소요되는 자금 역시 대부분 조성대 대장 본인이 뛰어다니며 만든 것이었다. 그가 원정 자금을 유용했다는 의문을 제기한 이들이 원정 자금을 만드는 데 도움을 준 것도 아니었다.

원정대의 회계를 맡았던 황영순 대원에 의하면, 그는 전진 캠프가 눈사태의 후폭풍으로 붕괴된 뒤 부족한 장비를 메우고 식량을 구입하기 위해 조성대 대장이 사비를 터는 것을 알아차렸다고 한다. 그래서 대원들끼리 모여 대장에게 전적으로 그런 부담을 지우는 것은 온당치 않은 일이니 십시일반 돈을 갹출하자는 회의까지 했다고 했다. 베이스캠프에서 철수한 뒤 이슬라마바드까지 오는 길에는 식량을 구입할 돈이 모자라 끼니를 줄이기까지 했다. 유용을 하려야 할 돈도 없었던 것이다.

황영순 대원
_영화 〈우리는 그곳에 있었다〉에서

그러던 중 주위의 비난과 의심을 묵묵히 견디고 있던 조성대 대장을 분노하게 만든 결정적인 일이 일어났다. 산악회의 높은 직책에 있는 조성대 대장의 선배가 그를 불렀다. 그러고는 비아냥거리며 말했다.

"너희들, 주위에서 정상 못 올라갔다고 그러더라."

설령 G4 원정대에게 의혹의 빌미가 있다 하더라도 그 선배는 조용히 조성대 대장을 불러 왜 그런 이야기가 돌아다니는지를 확인해야 할 자리에 있었다. 아니, 그 이전에 의혹을 제기하는 이들에 대항하여 끝장 토론을 벌였어야 할 사람이었다. 그런데 그는 자기네 팀의 등반에 대해 비난하는 사람들과 맞장구를 치며 원정대의 대장이었던 후배를 오히려 조롱하고 있었다.

조성대 대장은 자신의 휘지 못하는 성격 때문에 자신이 비난을 받는 것은 참을 수 있었다. 하지만 G4 원정대원들까지 싸잡아 벼랑으로 몰고 가는 비겁한 행위는 도저히 참을 수가 없었다. 조성대 대장은 이후 한국산악회 사무국장 자리를 내놓고 산악계를 떠났다. 당시 원정대가 한국산악회에 올린 등정 보고서의 마지막에는 다음과 같이 쓰여 있었다.

> 이번 등반의 성공은 대장 이하 모든 대원들이 하나가 되었기에 이루어진 성과였다. 그리고 기꺼이 격려와 지원을 아끼지 않으신 한국산악회 회장 및 회원 여러분들, 인정 많은 스페인 북서릉 등반대, 사이좋게 지낸 정부 연락관과 쿡들, 또한 같은 시기에 원정 온 한국 원정대들 등

이들과의 우정이 없었다면 우린 결코 그 험난한 서벽을 오르지 못했을 것이다.

하지만 우린 성공의 즐거움에만 안주해선 안 될 것이다. 우리가 오른 서벽 중앙 립을 2년 전에 오르다 타계한 단독 등반가 슬라브코의 보다 앞선 등반 행위를 간과해선 안 될 것이다. 날씨가 좋았다면 그는 분명 성공했을 것이다. 아직 우리 산악인들은 고정 로프를 벗어나지 못하고 있는 실정이다. "대규모 인원과 시간, 그리고 장비만 투입되면 이 세상 어디든 오를 수 있다"라는 말이 벌써 20여 년 전에 유행하지 않았는가.

이제 우리도 질적 등반을 추구해야 할 때이다. 비록 이번 등반이 국내 산악계에선 전위적이었다고 평가될는지 모르지만 우리들이 너무나 우물 안 개구리와 같다는 사실을 깨닫지 못한다면 우린 그만큼 선진 산악국에 비해 뒤처질 수밖에 없는 셈이다. 또한 순수한 즐거움은커녕 나아가 등반가 자신의 양심이나 등반 윤리마저 저버리고 남을 의식하는 등반만을 행하게 될지도 모른다. 삶에 대한 뜨거운 가슴을 지닌 산악인들이여. 참된 시야를 가지자.

그는 참된 시야를 가지자는 이야기를 남기고 사라졌다. 조성대와 유학재가 다음 세대를 이끌어 갈 후배들을 양성하자는 취지에서 실행했던 G4 원정대에서 양성된 열 명의 후배들은, 그리고 G4 원정대는 더 이상 성장하지 못하고 보고식 이후 각자의 자리로 돌아갔다.

안타까운 일이었다.

그러나 그 이후 한국 산악계는 시대의 흐름에 따라 발전을 거듭하여 높이에 연연하지 않고 도전성이 높은 루트를 오르는 유능한 벽 등반가들이 배출되었다.

그들의 G4 원정은 그 당시 한국 산악계의 분위기 속에서는 나오기 힘든 선구자적인 전위예술이었다. 그럼에도 불구하고 자신들의 등반이 반쪽이었음을 잘 알고 있었다. 최고 난이도의 루트에 혼자 도전해서 고군분투하다가 쓸쓸히 사라져 간 슬라브코가 남긴 교훈 때문이었다.

하지만 많은 인원이 동원되어 루트를 개척했다고 해서 그 의미가 퇴색하는 것은 아니다. 하지만 그들의 업적에 찬사를 보냈어야 할 사람들은 그들에게서 등을 돌렸다. 그렇게 한때 중원의 무림에 등장했던 열두 명의 무사는 세인이 인정하지 않는 의미 있는 족적만을 남기고 사라져 갔던 것이다.

황기룡의 죽음

유학재는 1997년 가셔브룸 4봉 원정을 다녀온 후 한동안 해외 원정을 포기한다. 국내에서 잊을 만하면 터져 나오는 G4의 후유증에 시달린 데다 그즈음 집안의 쌀독에 쌀이 떨어진 것을 발견하고 큰 충격을 받았던 것이다. 일 년 내내 산으로만 떠도는 자신에게 불평 한마디 하지 않고 힘겹게 살림을 꾸리던 아내와, 다른 집 아이들처럼 제대로 해 준 것 하나 없는데도 잘 자라는 자식들에게 미안함을 넘어선 죄책감이 들었다. 아내 역시 산악인 출신이라 자신의 행보를 태평양같이 넓은 마음으로 이해해 주었지만 그것이 현실의 고통을 무마해 줄 키다리 아저씨가 될 수는 없었다. 우이동의 좁은 전셋집 부엌 한 구석에서 남몰래 눈물을 훔치던 그는 그때부터 가족들

인수봉을 등반하는 유학재와 아내 박현우.
ⓒ 이한구

우리는
그곳에
있었다

을 위해 살겠다는 결심을 하고 자신을 필요로 하는 모든 해외 원정에서 이름을 빼 버린다. 그리고 처음으로 현실과 타협하며 사회에 적응하는 생활인의 자세로 살게 된다.

그리고 그렇게 10년이 지났다. 그러던 어느 날, 적어도 쌀독과 냉장고가 텅텅 비지는 않는 상황이 되자 슬그머니 아내의 눈치를 살피다가 이리 꼬고 저리 비틀며 이야기를 꺼냈다. 결국 결론은 해외 원정에 관한 것이었다. 여전히 쿨했던 아내의 허락이 떨어지자 유학재는 10년 동안 억누르고 살았던 오랜 열정의 봉인을 풀고 산이라는 무림의 세계, 즉 중원에 다시 등장한다.

그러나 그때부터 그는 예전과 다른 방식을 추구했다. 그는 숫자와 포장에 익숙한 세인들의 잣대와는 상관없는 그야말로 자신의 등반을 찾아가게 된 것이었다. 8,000미터에 육박하는 고산이 아니더라도 남들이 아직 오른 적이 없는 히말라야 일대의 미답봉을 찾아 배낭 하나 메고 떠나는 최소한의 경량 등반을 하기 시작했다. 경량 등반을 하면 자신이 마련한 경비만으로도 언제든 떠날 수 있었고 마음 맞는 누구와도 쉽게 움직일 수 있었다. 그 결심은 1995년의 가셔브룸 원정에서부터 시작되었고 그때 목격했던 슬라브코의 등반에서 영향을 받은 것이었다.

그렇게 2006년 네팔 꽁데샤르해발 6,093미터 동계 초등부터 다시 시작된 그의 등반은 2008년 네팔 꽁데 누플라해발 5,880미터 등반, 파키스탄 히말라야 CSC SAR해발 5,942미터 초등, COREAN SAR해발 6,000미터 초등, 카니바샤르해발 6,500미터 등반 등 본인이 즐길 수 있고 가벼운 차림으로 떠날 수 있는 쪽으로 체질이 바뀌었다. 등반의 초점은 알파인 등반에 의한 초등이었다. 그리고 그런 행보는 계속되었다. 그러던 2010년 봄, 황기룡으로부터 전화가 왔다.

"형님, 서울로 찾아뵙고 드릴 말씀이 있습니다. 올라가도 될까요?"

"와? 전화로는 안 되나?"

유학재가 황기룡의 대구 사투리를 흉내 내며 응대했다.

"전화상으로는 쫌……."

"알았다. 오기 전에 연락해라."

황기룡은 대구에 살았기 때문에 그동안 그 지역으로 지방 출장을 갈 때나 가끔 볼 수 있었다. 비슷한 유통업에 종사하고 있었기 때문에 유학재는 그가 만나자고 하는 이유가 사업에 대한 자문 정도일 거라고 예상했다. 얼마 후 유학재는 단둘이서만 만나기를 원하는 황기룡과 종로의 대폿집에서 소주잔을 부딪치고 있었다. 황기룡은 그다지 조리가 없는 말솜씨로 이야기를 한참 동안 늘어놓았다. 결론은 다시 산에 가고 싶다고 했다. 히말라야 동계 알파인 등반을 하고 싶다고 했다. 황기룡 역시 유학재처럼 2000년 K2 등정 이후 생활인의 모습에 충실하고 있었다. 열심히 유통업에 종사하며 늦은 나이에 사회 적응 기간을 거치고 있었던 것이다. 그러나 자나 깨나 그의 마음은 늘 산으로 향하고 있었다. 그리고 일 년 전부터 알프스 등반을 하며 히말라야로 돌아갈 준비를 하고 있었던 것이다.

"그럼 가면 되잖아."

"그런데…… 형님하고 가고 싶습니다."

"이 이야기 하려고 서울 왔냐?"

"네."

"어디 가려고?"

"정하지는 않았습니다. 형님이 정해 주시면 그리로 가겠습니다."

사실 유학재는 그해에 이미 안나푸르나 자전거 라운딩과 미국, 대만 등에서의 계획 등 굉장히 많은 일정이 잡혀 있었다. 그런 사정을 아는지 모르는지, 황기룡은 몇 병의 소주를 비우고 벌게진 얼굴로 죄 지은 것도 없으면서 처분만 기다린다는 분위기를 연출하며 유학재를 쳐다보고 있었다. 표정이 사뭇 심각했다.

"네팔 고쿄 쪽에 좋은 벽이 있다고 들었는데 그거 알아봐. 거기로 가자."

"감사합니다, 형님. 저와 꼭 같이 가 주시는 겁니다."

그는 그 허락을 받기 위해 저녁 8시경에 서울로 와서는 짧은 시간 동안 많은 술을 마시고 심야 버스를 타고 대구로 내려갔다. 유학재는 해발 6,017미터의 히말라야 파리납차 Pharilapche peak를 전부터 대상지로 물색하고 있었다. 2002년 국제 산의 해를 맞아 네팔 정부가 추가로 103개의 산을 개방하면서 알려지게 된 고쿄Gokyo 지역에 있는 이 산은 그때까지 거의 원시에 가까웠고 한국에서는 접근을 한 적이 없는 곳이었다. 어차피 가야 할 산이었다. 황기룡의 방문으로 조금 더 일찍 떠나게 된 것뿐이었다. 많은 스케줄이 예정되어 있었지만 두 사람이 의기투합하는 데에는 별로 시간이 걸리지 않았다. 반드시 같이 가야 할 특별한 이유가 있다기보다는 함께 가지 않을 이유가 없었던 것이다.

히말라야 일대에서 빠른 움직임으로 산을 오르내리는 야생 야크Yak는 히말라야의 상징이다. 야크가 히말라야의 상징이 된 것은 이 동물이 낮은 고도에서는 살 수가 없기 때문이다. 정확한 이유는 알려져 있지 않지만 해발 4,000미터부터 6,000미터까지 서식하는 야크는 낮은 고도로 내려오는 순간 숨을 거둔다. 인간에게는 견디기 힘든 황폐한 고지가 그들에게는 생을 이어가는 천국의 땅인 것이다.

그날 밤, 종로 뒷골목의 대폿집에 앉아 춥고 황량한 곳을 꿈꾸던 그들은 태생적으로 히말라야의 야크를 닮아 있었다. 등반가들에게는 복잡하게 부딪치며 살아가야 하는 인간 세상이 어쩌면 고산의 크레바스보다 더 피해 가기 힘든 곳인지도 모른다. 또 힘겨운 고소보다 더 극복하기 힘든 고통의 대상일지도 모른다. 하지만 왜 당신

고산 지대에서만 서식하는 야크
© Daniel Prudek

네들은 그렇느냐고 물으면 그들은 답하지 못한다. 그 이유를 정확히 정의할 수 없는 것은 야크가 낮은 고도에서 살 수 없는 이유를 모르는 것과 같은 맥락이 아닐까.

2010년 12월 3일, 그들은 또 다시 뭉쳐 히말라야로 향했다. 한국산악회 기술위원회의 또 다른 멤버인 신동석이 합류했다. 인천공항에 배웅 나온 사람은 아무도 없었다. 조용하다 못해 고요한 출발이었다. 히말라야에서 초등 루트를 만드는 등반이었지만 세 사람에게는 편안한 여행에 가까웠다. 업체나 주위 사람들에게 손을 벌리지 않고 경비를 각자 충당하는 소규모였기 때문이다. 후원을 등에 입은 등반의 압박에서 벗어나는 것이 너무나 자유로웠다.

이틀 동안 카트만두에서 등반 허가를 받고 식량 구입을 한 뒤 해발 3,440미터의 남체 바자르를 지나 닷새를 더 걸어갔다. 황기룡으로서는 오랜만에 마시는 히말라야의 공기가 그렇게 신선할 수가 없었다. 그는 오랫동안 '더 힘들게'라는 철학을 깔고 있는 알파인 스타일의 등반을 꿈꿔 왔다. '더 편안하게'가 목표인 대개의 주위 사람들에게 그것은 궤변이었다. 그러나 이곳 히말라야에 다시 온 이상 그는 그 이상한 논리를 설명해야 할 이유도 없었고 괴팍한 사람으로 오해받지 않아도 되었다. 더군다나 존경하는 두 선배와 이렇게 등반까지 할 수 있어 그는 마냥 행복하기만 했다.

12월 13일, 새벽 0시부터 본격적으로 시작된 그들의 등반은 철저하게 알파인 스타일로 진행되었다. 누구의 지원도 없었고, 로프를 설치한 후 오르내리며 컨디션을 조절하는 고정 로프 방식을 배제했다. 쉽게 이야기하자면 이런저런 과정 없이 한 번에 바로 정상까지 오르기 시작했다는 이야기다. 코스는 산의 중앙 벽이었고 누구도 가 본 적이 없는 초등 루트였다. 심할 때는 85의 경사까지 나오는 까다로운 곳이었는데 안전을 위해 인공적인 장비를 쓸 장소가 없어 바위 사이에 박힌 돌에 짧은 슬링 로프를 묶어 임기응변으로 상황을 해결하기도 했다. 낙석은 고산 등반에 있어서 별 수 없이 만나야만 하는 불청객이다. 조심하는 것 이외에 뾰족한 방법이 없었지만 지루한 천국보다 행복한 지옥을 선택한 자들이 그 정도를 가지고 불평할 수는 없는 일이었다.

그런데 복병이 있었다. 중앙 벽에는 등반 내내 햇볕이 들지 않았던 것이다. 낮에는 온종일 응달이 들어 한기가 쉴 새 없이 스며들었고 밤에는 달빛도 비치지 않아 완벽한 어둠을 만들어 내는 바람에 심리적인 고통을 주었다. 모두가 처음 경험하는 기괴한 등반이었다.

등반을 시작한 지 둘째 날부터 황기룡이 배가 아프다며 등반이 끝나면 도대체 무슨 속병이 있는지 진단해 보아야겠다는 넋두리를 했다. 아무도 그것이 비극의 시작일 줄은 몰랐다.

12월 16일, 정상이 가까워 오자 며칠 동안 배가 아프다던 황기룡도 컨디션이 괜찮아 보였다. 정상에 서서 세 사람은 시험에 합격한

故 황기룡 대원(위).
故 황기룡 대원의 생전 마지막 모습(아래)

고시생들처럼 얼싸안고 제자리 뛰기를 했다. 에베레스트를 배경으로 사진을 찍은 뒤, 서둘러 하강을 했다. 산소가 부족한 지역에서 오래 있어 봐야 좋을 일이 없었기 때문이다. 그런데 3피치를 하강했을

우리는
그곳에
있었다

때 황기룡이 주저앉아 복통을 호소하며 자고 내려가자고 했다. 여유가 있을 때 조금이라도 더 내려가는 것이 최선이었지만 황기룡이 더 이상 움직일 수 없는 것 같아 그들은 그 장소에서 비박을 했다. 그것이 그와의 마지막 밤이었다.

문제는 다음 날 아침 하산 길에 생겼다. 신동석이 먼저 내려가고 유학재가 하강 준비를 위해 뒤돌아섰을 때 황기룡은 로프 앞에서 호흡을 멈춘 채 쓰러져 있었다. 하강 지점에서 벌어지고 있는 상황을 알 길이 없는 신동석은 로프를 풀며 이미 굉장히 먼 거리를 내려가 있었다. 세 사람만의 알파인 등반이라 무전기도 없어 연락이 불가능했다.

유학재는 한 시간여 동안 자신이 알고 있는 모든 상식을 동원해서 소생을 시켜 보려 했지만 끝내 황기룡은 다시 눈을 뜨지 못했다. 이미 식어 버린 그를 혼자서라도 데리고 내려가려 했지만 도저히 감당할 수가 없었다. 추락을 해서도 아니었고 낙석을 맞아서 벌어진 죽음도 아니었다. 황기룡의 어이없는 죽음 앞에 유학재는 그저 망연자실 눈물을 흘릴 뿐이었다. 이미 의식이 떠나 버린 후배의 주검 앞에서 혼자서 내려가기 죄스러웠던 선배 유학재는 쉴 대로 쉬어 버린 목소리로 울먹일 수밖에 없었다.

"미안하다, 기룡아. 먼저 내려가서 구조 요청을 해야겠다. 도저히 나 혼자서 너를 데리고 내려가지 못해. 내려가서 다시 데리러 올게. 조금만 기다려."

　마을에 도착해서 서울과 대행사에 사고 소식을 알리고 나중에 시신을 회수했다. 6일 후 황기룡은 불타오르는 장작 위에서 한줌의 재로 변했다. 싸늘히 식어 버린 그의 곁에서 보낸 6일의 시간이 유학재에게는 평생 산에 다닌 시간보다 길었다.

　3개월 뒤 유학재와 신동석, 두 사람은 황기룡을 마지막으로 떠나보낸 파리납차 입구에 추모 동판을 설치하기 위해 다시 섰다. 그리고 큼직한 바위에 그를 떠나보내는 안타까운 마음을 담은 추모 동판을 등반용 해머와 앵커 볼트로 붙여 넣었다.

Mr. Gi-yong Hwang

July 14 1970 - December 17 2010

Pharilapche (6017m)

파리납차 등반 중 영혼이 깃는 이 산에 작지만 큰 등반을 한 그의 발자취를 여기 남깁니다.

In honor of our beloved Mr. Gi-yong Hwang,
who accomplished the small great feat of summiting

우리는
그곳에
있었다

Pharilapche via the north face, December 16 2010.

We place this plaque here and in our hearts

where his spirit flourishes

and our memories of him will forever be with us.

April 14 2011

    2011년 4월, 히말라야 산맥에서 두 개의 코리안 루트를 같이 만들고 먼저 간 후배에게 유학재는 마음속 깊은 곳으로부터 터져 나오는 흐느낌으로 마지막 이야기를 전하고 있었다.

    "기룡아, 잘 가라……."

산의 그림자와 '우리'

　1937년, 마거릿 미첼Margaret Mitchell에게 퓰리처상의 영광을 안겨준 소설 『바람과 함께 사라지다』는 1939년에 영화로 제작되어 20세기를 대표하는 고전으로 평가받으며 또 한 번의 영광을 재현한다. 그리고 레트 버틀러클라크 케이블 분가 떠난 후 스칼렛 오하라비비안 리 분가 계단에서 혼자 읊조리는 마지막 대사 "After all, tomorrow is another day."는 오랫동안 많은 사람들의 기억 속에 명대사로 남아 있다.

　마거릿 미첼은 원래 소설의 제목을 'Gone with the wind'가 아니라 'Tomorrow is another day'로 정하려 했다고 하니, 긴 소설 속에서 작가가 이야기하고자 하는 귀결이 이 대사에 함축되어 있다고

우리는
그곳에
있었다

해도 과언은 아닌 듯싶다. 그런데 이 마지막 대사의 번역이 일본에서는 '내일은 내일의 바람이 불 테니까'로, 프랑스에서는 '내일은 또 다른 날이다Demain est un autre jour'로 번역되었다고 한다. 한국에서도 역자에 따라 '내일은 또 새로운 날이 시작될 테니까', '내일은 또 새로운 날이니까', '어쨌든 내일도 다른 하루가 아닌가', '결국 내일은 또 다른 날이니까', '내일은 또 내일의 해가 뜨는 거야' 등으로 각양각색이다. 자동번역기에 대사를 입력하면 '결국 내일은 또 다른 날입니다'라는 정직한 이야기가 나오고 만다. 속된 표현인 '오늘만 날이냐?'도 틀린 번역은 아닐 것이다. 어쨌든 우리들 대부분은 그 대사가 주는 느낌이 우리의 정서와 가까운 '내일은 내일의 태양이 뜰 테니까'로 기억하고 있다.

이렇듯 영화의 대사 한 마디도 숱한 의미로 변주되는데, 대자연 속에 존재하는 '산'이 모든 사람에게 같은 의미로 다가가지는 않을 것이다. 지질학적인 의미에서는 누구에게나 똑같을 수 있겠지만 군인에게 산은 탈환해야 할 고지일 것이고 화가에게는 그림으로 옮겨야 할 좋은 소재일 것이다.

등반가에게 산은 어떤 존재일까? 조지 맬로리는 "그곳에 있으니까 오르는 대상"이라고 했지만 과연 그것이 전부였을까? 모든 것에 대해서 우선 삐딱한 시선으로 보는 나의 못된 성정으로는 맬로리의 그 말이 '그냥 한 말'이었을지도 모른다는 생각을 하고는 한다. 맬로리가 아무 생각 없이 내뱉었다는 뜻이 아니라, 마음속에 품고 있는 진정한 생각을 털어놓아도 질문을 던진 기자가 자신의 생각을 제대로 이해하지 못할 것이라 생각한 맬로리가 그저 지나가는 투로 툭 내뱉었을지도 모른다는 뜻이다.

등반가에게 산이란 그저 산일 뿐이다. 세상 사람들이 가슴에 새기고 감동할 만한 철학을 완성해야만 비로소 오를 수 있는 자격이 주어지는 그런 대상이 아니다. 아무런 생각 없이 오를 수 있을 때 등반가에게 산은 산이 된다. 그리고 시간이 흘러, 태양이 열기를 내뿜는 한낮보다 해질녘에 산의 그림자가 더욱 길어진다는 사실이 눈에 들어오기 시작할 무렵 그들은 세월을 돌아본다. 환희도 있었고 상처도 있었다. 이제 머리에 하얗게 눈이 내리고 얼굴에는 잔주름이 늘어난 G4 원정대원들도 그랬다. 그런 그들에게 G4의 베이스캠프에서 실패한 인절미 죽을 같이 퍼먹던 황기룡의 타계 소식은 그 긴 그림자의 색을 더욱 진하게 만들었다.

인간사가 얽혀 있던 산악계를 떠난 조성대도
죽음을 옆에서 지켜보았던 유학재도
수원에서 높은 곳의 간판을 달고 있는 방정호도
북한산의 산악구조대를 지키고 있는 황영순도
공주에서 돌을 조각하는 석공石工으로 변신한 김동관도

우리는
그곳에
있었다

부산에서 세련된 광고업자가 된 문상호도

이천에서 열심히 고구마 캐는 신동철도

사회복지사가 되어 좋은 일 하는 우찬성도

캘리포니아에서 신발 공장 하는 정재학도

샤모니에서 철학 깊은 예술가의 길을 걷는 허긍열도

그리고 여전히 미끈한 롱다리의 뽀대 나는 막내 최병기도

각자의 자리에서 우리 모두는 가슴 아파했다.

꽃피는 사월의 진달래 향기가 진 뒤 무더운 매미 소리가 녹음에 묻혔다. 그리고 시간이 흘러 여름을 덮었던 푸르름이 가을의 화려함으로 서서히 변해 가는 산. 그 산은 오늘도 인구 천만의 대도시를 포근하게 감싸고 있다.

북한산…… 그리고 인수봉……. 그곳이 있었기에 이성보다 감성이 앞섰던 우리의 젊음은 행복했다. 바위에서 미끄러져 손등이 까지고 멍이 들어도 바보처럼 낄낄대며 로프를 둘러메었고, 어슴푸레한 가스등 아래 앉아 골짜기의 밤이 깊어 가는 줄도 몰랐다. 철없던 그 시절에 우리는 그곳에서 만나 젊은 날의 분노를 식혔고, 더 높은 산을 꿈꾸며 같은 길을 걷게 되었다.

세상에서 가장 힘들고 높은 곳을 올랐던 우리, 그러나 이제 우리

는 그중 한 명을 또 다른 산에 눕혀 두고 세상에서 가장 편안한 이곳으로 돌아왔다. 그리고 이제 술잔을 따르며 추억의 향을 피우고 있다.

  죽음은 과연 삶의 반대말인가?
  갓 수염이 나오기 시작한 그 시절, 우리는 이곳에서 같은 로프에 매달려 산을 이야기했다.
  형제의 정을 나누었던 나의 동료여, 이제 우리가 시작했던 그곳으로 다시 돌아왔으니 그대, 어머니의 품 같은 이곳에서 편안히 눈을 감으시게나.

  세상은 우리에게 묻는다. 당신들은 왜 그렇게 힘든 삶을 삽니까?
  그러면 우리는 이야기한다. 우리에게는 그것이 제일 쉬웠다고. 그리고 즐거웠다고.
  산을 오르며 목에서 단내가 나고 다리가 저려 오고 나서야 우리는 살아 있음을 느낄 수 있었다.
  세상은 또 물어본다. 도대체 왜 그렇게 생겨 먹었냐고.
  그러면 우리는 또 이야기한다. 우리는…… 그냥 우리니까…….

  우리도 사랑에 미칠 때가 있고 한 줄 시에 가슴이 저릴 줄도 안다.

우리는 그곳에 있었다

우리는 세상을 안 보려고 했던 적이 없다. 세상이 못 보는 것을 보려고 했을 뿐이다.

그 옛날, 까까머리 촌놈들에게 산이 나지막이 말을 걸어 왔다.

촌놈들은 밤새 바람에 실려 오는 그 적막한 이야기가 이유 없이 좋았다.

그리고 긴 시간이 흘러 우리가 산에게 대답을 할 차례가 왔다.

이제는 정정한 나뭇가지가 부드러운 눈에 꺾이는 이유를 알 것도 같습니다.

그래서 당신을 닮아 가려 합니다.

그리고 우리 삶에 다시 오지 못할 그 순간에

우리는 당신과 같이 있었습니다. 그래서 행복했습니다, 라고.

고. 황기용
소속 : 한국산악
2010. 12. 17
파리낭차에서

2012년 5월 북한산 무당골 산악인 묘지에 故 황기룡 대원의 위패가 안치되었다.
ⓒ 엄동우

ⓒ 염동우

Epilogue

'우리'는 '그곳'에 있었다

2012년 3월, 외교통상부와 문화관광부 주최로 동유럽에서 한국 페스티발이 열릴 때 한국영화제 기간의 특별 상영작으로 영화 〈우리는 그곳에 있었다〉가 첫 상영되었다. 슬로베니아의 수도 루블랴나에 위치한 국립극장인 창 카레돔으로 그 영화를 보러 온 슬라브코의 어머니와 누나는 아들의 죽음을 등반가로서 정리해 주어서 감사하다는 인사를 전해 왔다. 혼자서 북 치고 장구도 치고 꽹가리까지 쳐 가며 힘들게 만든 보람이 느껴졌다.

2012년 6월 22일에는, 조성대 선배가 나에게 촬영 테이프를 건넨 지 15년 만에 완성된 G4 원정대의 다큐멘터리 영화 〈우리는 그곳에 있었다〉의 국내 첫 시사회가 있었다. 끝난 후 밤늦게까지 우리는 맥

사진 속의 노부인과 그 곁에 선 중년 여성이 각각 슬라브코의 어머니와 누나다.

주를 들이켜며 무척 즐거워했다. 그리고 시사회 직후 두 달여에 걸친 미국 출장을 떠났던 나는 8월 초 뉴욕에서 한 통의 메시지를 받았다.

'조성대, 키르기스스탄에서 심장마비로 사망'

서울의 유학재에게 전화를 걸어 그의 죽음이 사실이라는 것을 확인했을 때 전화기를 내려놓고 한동안 멍하니 서 있을 수밖에 없었다. 호텔 창밖으로 보이는 엠파이어스테이트 빌딩의 불빛이 얇은

커튼 사이로 투영되며 수채화처럼 번져 갔다.

그의 시대는 한국 산악계에서 가장 보수적이던 시절과 어쩔 수 없이 교집합을 이루었고 그는 산 이외에도 항상 그 단단한 벽을 올라야 했다. 반면 그 자신 역시 자신이 싫어하던 그 벽의 일부이기도 했다. 그러나 진취적이고 학구적이던 이상과 엄격하고 전통적인 사고, 두 가지를 모두 공유하던 그는 산이라는 주제에서 늘 새로운 것을 추구하던 산악인이었다. 이제 소규모 원정대의 시대로 접어든 지금, 그는 극지법으로 등반하던 한 시대의 뛰어난 리더로서 기록이 되고 있다.

그는 잠시 산악계를 떠나 사업에 전념했다. 그것은 누구의 도움이나 간섭 없이 자신의 능력으로 후배들과 하고 싶은 등반을 마음껏 펼치려는 계획의 한 과정이었다. 그리고 키르기스스탄에서 오랜 시간 각고의 노력 끝에 사업가 조성대로서 최선의 결말을 맺은 다음 날, 유명을 달리하였다. 마지막 순간마저 자신이 걸어온 인생의 항로만큼이나 드라마틱했다. 좋은 선배였던 그의 죽음은 한없이 안타까운 일이었지만 그가 기대했던 영화의 완성을 보고 갔다는 사실이 그나마 나로서는 작은 위안이 된다.

1995년부터 이어졌던 1997년 G4 원정대원들은 나의 선배, 나의 친구 그리고 나의 후배들이었다. 그들이 했던, 그리고 세상이 외면했던 그 이야기들을 모으고 만들 수 있었던 것은 나에게 큰 영광이었다.

그들은 완성품이 아니었다. 화려한 명품도 아니었다. 그들의 영역 내에서도 의미 있는 사람들에게만 의미 있는 손때 묻은 진품이었을 뿐이었다. 그러나 그래서 더 큰 의미가 있었다. 이제는 가고 없는, 1995년과 1997년 사이에 일어났던 작은 사건 속의 그들을 추억하며 남은 그들과 앞으로도 계속 하나의 '우리'가 되어 그곳에 가고 싶다.

Dreams come true. Without that possibility, nature would not incite us to have them

꿈은 이루어진다. 이루어질 가능성이 없었다면 애초에 자연은 우리를 꿈꾸게 하지도 않았을 것이다.

_존 업다이크 John Updike

사진 한국 산악회 제공

사진 한국 산악회 제공

사진 한국 산악회 제공

히말라야에 새긴 영혼, 코리안 다이렉트
우리는 그곳에 있었다

초판 1쇄 펴낸 날 2013년 7월 24일
초판 2쇄 펴낸 날 2013년 10월 24일

지은이 박준기

펴낸이 백종민
주간 정인희
편집 이양훈 · 최새미나 · 김지혜
디자인 정연규
마케팅 서동진 · 김가영 · 김해주
관리 장희정 · 봉미희
펴낸곳 꿈결

등록 2011년 12월 1일 (제318-2011-000145호)
주소 서울시 영등포구 당산로 50길 3 꿈을담는빌딩 6F
대표 전화 1544-6533
팩스 02) 749-4151
홈페이지 www.ggumtl.co.kr
블로그 blog.naver.com/ggumgyeol
이메일 ggumgyeol@naver.com
트위터 twitter.com/ggumgyeol
페이스북 facebook.com/ggumgyeol

ⓒ 박준기 2013

ISBN 978-89-98400-06-4 (03810)

이 도서의 국립중앙도서관 출판시도서목록(CIP)은 서지정보유통지원시스템 홈페이지(http://seoji.nl.go.kr)와 국가자료공동목록시스템(http://www.nl.go.kr/kolisnet)에서 이용하실 수 있습니다. (CIP제어번호: CIP2013011382)

- 이 책은 저작권법에 따라 보호받는 저작물이므로, 저작자와 출판사 양측의 허락 없이는 일부 혹은 전체를 인용하거나 옮겨 실을 수 없습니다.
- 잘못된 책은 구입한 서점에서 바꿔 드립니다.
- 책값은 뒤표지에 있습니다.

꿈결은 (주)꿈을담는틀의 단행본 브랜드입니다.